淳美教育

美好生态型学校建设探索

李海霞 / 著

華中科技大學出版社
http://press.hust.edu.cn
中国 · 武汉

图书在版编目(CIP)数据

淳美教育:美好生态型学校建设探索/李海霞著.—武汉:华中科技大学出版社,2023.7
ISBN 978-7-5680-9533-4

Ⅰ.①淳… Ⅱ.①李… Ⅲ.①小学教育—教育生态学—研究 Ⅳ.①G62

中国国家版本馆CIP数据核字(2023)第115526号

淳美教育:美好生态型学校建设探索
Chunmei Jiaoyu:Meihao Shengtaixing Xuexiao Jianshe Tansuo

李海霞 著

策划编辑:李嘉婧
责任编辑:郑艺芳
封面设计:王二平
责任校对:王亚钦
责任监印:曾 婷
出版发行:华中科技大学出版社(中国·武汉) 电话:(027)81321913
武汉市东湖新技术开发区华工科技园 邮编:430223
录 排:孙雅丽
印 刷:湖北恒泰印务有限公司
开 本:710mm×1000mm 1/16
印 张:13.5
字 数:170千字
版 次:2023年7月第1版第1次印刷
定 价:88.00元

华中出版

本书若有印装质量问题,请向出版社营销中心调换
全国免费服务热线:400-6679-118 竭诚为您服务

序

学校应该是滋养美好事物、培育美好心灵、激扬生命的地方。如同春天的原野，大树洒下绿荫，小草散发清香，清风吹拂万物，小鸟伴着鲜花，大家彼此相容，彼此需要，生命自由呼吸。所有的事物都是独特的、美好的，所有的儿童都是尊贵的、独一无二的。

武汉市万科高尔夫小学、武汉市东西湖区吴家山第一小学、武汉市东西湖区莲花湖小学都是这样的学校。这大概是李海霞校长的办学追求与办学特色。她成为武汉市教育家型校长，也大抵是因为她有这样的办学追求与办学特色。

李海霞校长是一位有思想、有魅力、有智慧的校长。她不仅始终保持着对孩童世界的向往和敬意，与孩童心灵碰撞，与孩童一起开始变美，与孩童一起创造美，而且能用个人的思想点燃一群人的梦想，用个人的魅力激发一群人的活力，用个人的智慧促进一群人成长、成人与成才。

李海霞校长是一位有研究力、领导力、创新力的校长。小班化教学的研究，进一步深化了她对儿童生命的认知与建构，使她对儿童生命培育有了自己独到的主张。现代学校治理经验，进一步深化了她对学校新生态、教育新生态，甚至是生态教育观的认知，使她对生态学校建设有了自己独到的主张。

基于对儿童生命的思考，对教育、生态学校的思考，传承吴家山第一小学生本教育理念，她提出了淳美教育主张。

淳美教育就是她的思想、魅力、智慧的彰显，当然也是她思想、魅力与智慧的结晶。

让每一个儿童都拥有追求美好的勇气、实现美好的力量，让美在学校荡漾，让教师和儿童一起感受真善美、一起创造真善美，让学习有趣、同学友好、老师可亲、校园美好，让学校纯粹、美好、高尚，让儿童的生命成为天籁之歌，这就是李海霞校长主张的淳美教育。

淳美，与其说是她的教育主张，不如说是她的教育求索。教育就是不断地认识自我，尊重生命，珍惜生命，不断地发现生命中的美丽、生活中的美好，来实现生命的价值和意义，来追寻更加美好的生活。真诚地对待教师和学生，真诚地对待教育，真诚地对待自己，因为真诚，所以淳美；唯有真诚，才成美好。

作为教育家型校长，李海霞校长淳美教育的许多做法是鲜活的、原创的、感人的。我的研究生在她的学校任教，经常在师门朋友圈里晒这些，也专门向我与其他导师口述学校的案例、成绩，我也在调研中领略了一二。读者从书中可以看到李海霞校长对儿童生命、儿童教育生活的深刻理解与独到追求。

祝贺李海霞校长著作的出版，是为序。

华中师范大学教育学院院长　雷万鹏

2022年12月24日

目　录

第一章

我坚信：教书育人是最美的生活

生命只有一次。人，仅有一次人生。仅有一次的宝贵生命，其价值与意义到底是什么？如何让自己拥有幸福人生呢？如何把自己的才华、智慧献给自己喜欢的事业，给国家、社会和人民做点贡献？如何与自己钟情的工作"缱绻"一辈子？

现在回想起来，自己年轻的时候好像思考了这些问题，也好像没有思考这些问题。但有一点是很肯定的：爱美的我，喜欢美的事业；爱孩子的我，总觉得自己是没有长大的孩子，总喜欢与孩子在一起。

美的事业，与孩子在一起，不正是做一个光荣的人民教师吗？于是，我很幸运地成为一名小学教师，又慢慢地走上了学校管理岗位，经过十多年的中层管理岗位的历练后，很自然地走上校长的岗位，也很自然地胜任了小学校与大学校、新学校与老学校的管理工作。

用一生做一件事情，需要坚定的目标和信念。但是，支撑一个人持续做下去的，一定还有热爱。有了热爱，教书就不觉得累；有了热爱，所有的付出就不计较回报；有了热爱，即便在困难苦寒或者挫折落魄的境遇中，人生也能闪耀出别样的光彩。我想，无论是于漪、李吉林和斯霞，还是张桂梅，皆是如此吧。

爱美的人，总是努力让工作美好起来；喜欢与孩子在一起，总是被学生与组织宠爱。于是心里的小心愿一个一个地实现了，还成为武汉市首届“百优班主任”、武汉市学科带头人、湖北省优秀教师，成为武汉市教育家型校长培养对象并参加为期两年的培养、培训。虽然与特级教师、教育家型校长还有距离，但我更坚定了奋进的决心与勇气——让自己更美起来，让更美的自己遇见更美的学校、更美的孩子。这大概就是人民教育家于漪老师说的：“人的成长是一辈子的事。教育从来不是一个结果，而是一个生命展开的过程，它永远面向未来，不会结束。因此，教师要和学生一起，展开生命，不断成长。”[①]

人生最绚丽的风景，是内心的从容和淡定；生活最理想的境界，是心态的平和与宁静。我知道自己要什么，并一直朝这个方向努力，因此我的感觉、思想、行动都能配合无间，内心自然涌现和谐。因为一直从事自己喜欢的事情，一直保持内心的和谐，所以这么多年来，不论做什么、遭遇什么，我都没有把精神能量浪费在怀疑、后悔、罪恶感及恐惧之上，精力永远用在有益的方面。

第一节　喜欢与孩子在一起的生活

生命不能重来，童年只有一次，我们要善待每一个生命。我们知道教育不是万能的，但作为教育者，要相信教育的力量。如果对教育没有信心，那么我们的爱就会大打折扣。要把微笑、感谢与赞美当作职业本能；要把直抵人心、润泽人心的精神馨香散发出来，转化为一种向上向善向美的心灵力量。

与孩子在一起，首先要成为孩子喜欢的样子，做一个永远也“长不

①于漪．用精神的成长创造使命的精彩[J]．人民教育，2014(21)：8-11．

大”的孩子。在万科高尔夫小学担任校长时，只要没有外出，我早间都会到校门口迎接孩子们入校，伴着一声声“早上好”开启一天工作的旅程；晚间护送孩子们放学，把每个孩子送到家长手中，在一声声“老师，再见”的问候声中结束一天的工作。平时的课间，我特别喜欢和孩子们一起做游戏，参与他们喜爱的活动。有时提前到班级准备上课时，孩子们都会跑过来抱着我，分享他们的开心事，有时还相互“争宠”地斗嘴。那场面展现出的师生关系已经超出民主、和谐的表达，透露出深深的情，也让我看到了孩子们的自信、阳光。

康·帕乌斯托夫斯基说过：“只有当我们成为大人的时候，我们才开始懂得童年的全部魅力。在童年一切都是另一个样子。我们用明亮而纯洁的目光观察世界，在我们的心目中一切都似乎鲜明得多。”[①]我深知，教师要与学生一起过好校园生活，或者说教师要成为“长不大的孩子”，他必须有长大成人后回眸的重新审视、陪伴学生经历完满生命成长过程的教育认知。因此，我一直“惯”着他们，享受着这份别样的师生情。为了学生的体质健康和响应教育要求，我提出每名学生都必须学会两项技能——跳绳和踢毽子，而且依据年段确定达标标准，每月进行班级达标检测，每学期学校组织检测及竞赛活动。学生除了课余在家庭和社区练习外，课间也会组织小组的练习。当我在课间走近他们的小组时，有的学生会说：“美女，请帮我们计时，可以吗？”有时看到我穿了新衣服，有的学生也会说：“美女，这件衣服的颜色很漂亮，我也很喜欢。”当然，这样称呼我的，只是少数胆大的学生，大部分学生还是亲切地称我“李老师”或“李校长”。

---

①康·帕乌斯托夫斯基．一生的故事[M]．非琴，译．石家庄：河北教育出版社，2017.

从这里不难看出，我不仅是个很接地气的老师和校长，还是个比较受欢迎的师者和朋友。这是我比较向往的师生关系，也是我比较享受的师生关系。这样的师生关系也影响着家校关系。家长对学校工作的支持、理解和帮助是极大的，促使我在万科高尔夫小学建校的第二年就提出了建设“家校共同体”的思路，并将其作为学校“生命教育”的特色支撑项目。离开万科高尔夫小学五年了，我一直念念不忘那段很幸福的日子，那段教育时光的点点滴滴都深深地留在我的记忆里。虽然现在没有和那些孩子在一起学习、生活，但我们的心还是紧紧在一起的。我能经常收到他们的问候，及时解答他们的疑惑，时时分享他们的喜悦。

2022年的中考成绩发布后，我收到家长发来的消息：“李校长您好，您以前工作的单位万科高尔夫小学，开校第一届招收的2013级一年级一班的孩子，在2022年中考中，有5名孩子以500多分的成绩考上武汉市‘四大名高’，其中小童（化名）、小丹（化名）考上武汉外高，小明（化名）考上湖北省实验，小刚（化名）、小文（化名）考上武汉二高。特向您报喜，感谢高尔夫小学老师们对孩子的培养，祝高尔夫小学的未来越来越好，也祝您工作顺利，万事如意！”这是捷报，是家长对学校办学的高度认可。作为校长，我自然也觉得这是我的荣耀。

另一名特殊家庭的孩子小川（化名），父亲是残疾人，在汉川生活，靠做点小生意维持生计，爷爷奶奶在武汉帮叔叔带小孩。为了让小川有更好的受教育机会，两位老人克服很多困难把他带在身边。小川生活的地方正好在万科高尔夫小学的教育服务范围内，因此与我有了师生缘。因为小川与我姓氏相同，所以奶奶总让小川在课余时间称呼我“姑姑”，我自然对他多了些关爱。小川小学毕业后，回到汉川随爸爸妈妈生活，就读当地的初中。2022年中考成绩发布后，小川的奶奶也欣喜地把好消息告知我：“李校长，您好！小川今年中考了，考了655分，考上了天门实验高中。这些也有姑姑您的功劳，小川不会忘的。祝您工作顺利，万事如意！”奶奶的言语中流露出了一种自豪和感激，我也为自己在万科高尔夫小学带领的第一届学生取得的成绩感到骄傲，为自己作为首任校长带领的学校与学生及家长的这种真挚的家校情感备感荣幸。

教育就是发现每个孩子的天赋，唤醒每个孩子的潜能，让每个孩子都能唱出生命那首天籁之歌。发现孩子，第一要义就是与孩子在一起，欢喜快乐、悲伤痛苦都在一起。发现孩子，就是发现自己，发现那个一切为了孩子的自己，让自己走进孩子的心灵，就像一滴水掉进河里。

发现，是敏捷的自我觉察，是被引导后的心领神会，也是默契的理想共创。如同求学的道路是无边的汪洋大海，本心的自我挖掘同样受制于智慧的界限，唯有教与学的共创、共享，师与生心与心的连接、共通，让每个人心中的支流成河，才能成就彼此的浩瀚。

与孩子在一起，要在意每一个孩子。在意每一个孩子，首先是平等地信任每一个孩子，相信每一个孩子都是优秀的，承认每一个孩子都有不足，允许每一个孩子犯错误。其次是喜欢每一个孩子，既喜欢阳光爽朗的孩子，也喜欢沉静内向的孩子；既喜欢乖巧懂事的孩子，也喜欢调皮顽劣的孩子；既喜欢聪明伶俐的孩子，也喜欢木讷笨拙的孩子。在意每一个孩子，就要有一双善于发现的慧眼。发现孩子不同的闪光点，感受不同孩子不一样的惊喜与惊奇，欣喜各种各样的可爱。

在意每一个孩子，就要为他们的成长提供有力的支撑——跌倒后的扶起，懈怠时的提醒，迷茫时的指导，困难时的帮助，乏力时的加油，得意时的冷水……支撑他们勇往直前。人民教育家陶行知先生教诲我们，要“和学生、大众站在一条战线上，教师不和学生站在一条战线上，便不成为教师。……你若把你的生命放在学生的生命里，把你和你的学生的生命放在大众的生命里，这才算是尽了教师的天职”[1]。在意孩子，才可能与孩子站在一条战线上，才可能把你的生命放在孩子的生命中。在意孩子，眼中有孩子，与孩子在一条战线上，把你的生命放在孩子的生命里，生命融在一起，教育就自然发生了。

就如班级中的学困生和顽劣生，需要老师们用更多的时间和精力去帮助他们。学习小组组建时，我很关注学困生，根据性格特点，把他们安排到不同的小组中，由学业成绩优秀且热心帮助他人的同学对他们进行特别的“关照”，鼓励学习小组在周末或节假日也在一起作业或游戏，实现同伴互助成长。顽劣生缺少学习的动机和毅力，且常常会制造出让大家意想不到的情况，比如突然扰乱课堂、把其他同学惹哭或损坏公共财物等。对于这类学生，我在学习小组分组时，除了特别关注外，还对他们进行个案式的跟踪分析，强化个别教育。

二十多年过去了，我还深深地记得一名叫小俊（化名）的男孩子。他作业书写不认真，很多时候家庭作业不能完成，且在与同学意见不一致时会动手打人，同学们都不愿和他在同一个学习小组，家长也反映不希望自己的孩子与小俊做同桌。通过多次的家访，我了解到小俊受家庭的影响较大。他的父母亲都是建筑工人，常年早出晚归，也没有节假日，很少给予孩子温暖的陪伴，小俊的性格不是很开朗，遇事总是默不作声。小俊的父亲易怒且喜欢通过动手来解决矛盾和问题，这也影响了小俊与同学的相处方式。遇到这样的孩子，教育过程中又得不到家长的配合，对于那时刚走上教师岗位的我来说，真的是很大的挑战。向身边的老教师请教方法，有的时候受用，但很多时候还需我针对具体情况另辟教育蹊径。

①陶行知．陶行知全集：第3卷[M]．成都：四川教育出版社，2009：384.

不管借鉴什么样的教育理论和方法去实施教育，都需要以“爱”作为基础。于是，我静心观察课堂上的小俊、活动中的小俊，了解家庭中的小俊，试着走进他的心里。他慢慢地愿意和我聊天，愿意和我分享他的喜怒哀乐，在我的课堂上的表现也渐渐有了改变，会大胆举手发言，表达自己的观点。虽然小俊有时还是管不住自己，会和同学有矛盾，但我看到了他的进步，也希望通过观察发现他更多的优点。

一次，学生对我说水池有杂物堵塞，无法使用，我正犯愁如何处理时，站在一旁的楼层卫生值日生小俊说：“李老师，我来试试。”他说着便脱下棉衣，卷起袖子，将手伸进水池中抓起杂物。伴着水漩涡的声响，水池中的脏水慢慢流尽。我赶紧让他洗净手臂，又拿来纸巾帮他擦干。十二月的天气，他的小手冻得红红的，我既心疼，又欣慰。回到教室，我与同学们分享了刚才的一幕，大家不约而同把热烈的掌声送给了小俊，小俊腼腆地笑了，那笑容中透露着一丝骄傲和自信。

与孩子在一起，要倾听孩子的心声。每一个孩子都是不一样的，都藏着秘密。倾听孩子的心声，读懂孩子，对于年轻教师来说，是重要的第一课。倾听孩子的心声，就是要让孩子完整地表达自己的情绪、心理与诉求，不评判、不指责、不轻视孩子，不打断他们的表达，用眼神、点头、表情回应他们。

为了让学困生和顽劣生有持续进步的动力和约束力，我提议在班级黑板的角落开辟专栏，每周民主推荐产生“班级之星”和“进步之星”，将他们的姓名标注在专栏上，学生时时都可以了解评选动态。这一招，对学困生的激励很见成效，大家都在努力争取把自己的大名挂在“进步之星”的专栏上，享受自己成长进步的快乐和荣耀。每一周，每一月，我和孩子们就这样周而复始地继续着我们的学习生活。到了暑假，我还真不适应没有孩子叽叽喳喳很是安静的生活。有一天，我的脑子不由自主地想着：小俊在干什么呢，有没有听父母的话，有没有按时写作业？小青（化名）在干什么……于是我下意识地就骑着自行车朝着小俊住的方向去，虽是三伏天，却因为心情的急切而未感觉天气的炎热。

到了小俊家附近，正好遇见上次家访时碰到的邻居奶奶。她告诉我，小俊和几个伙伴一起玩去了，我便和她在路边的大树下闲聊了一会儿。当我准备离开时，不远处传来了孩子们的嬉闹声。我循声望去，看到小俊和几个孩子相互追逐着朝这边过来了。我喊出小俊的名字，他张望了一下看到我，很是惊喜，快速跑到我面前，急切地问："李老师，您怎么过来啦？"我开玩笑地说："李老师突击检查，看你在家乖不乖呀！"说完顺手拍了拍他的脑袋。他向我介绍了假期的生活情况，我也叮嘱了"注意安全、要听话"等，也告知他爸妈不在家时，有困难就找邻居奶奶。邻居奶奶点了点头，小俊还感觉有点不好意思。我准备离开时，他还依依不舍。那时，我感受到了做教师的幸福感。用真心真情可以打动孩子，孩子懂事的举手投足让我感到满满的幸福的职业体验。

叶圣陶先生在《如果我当教师》一文中这样说道："我如果当小学教师，决不将投到学校里来的儿童认作讨厌的小家伙，惹人心烦的小魔王，无论聪明的、愚蠢的、干净的、肮脏的，我都要称他们为'小朋友'。那不是假意殷勤，仅仅浮在嘴唇边，油腔滑调的喊一声；而是出于衷诚，真心认他们作朋友，真心要他们作朋友的亲切表示。小朋友的成长和进步是我的欢快，小朋友的羸弱和拙钝是我的忧虑。有了欢快，我将永远保持它；有了忧虑，我将设法消除它。对朋友的忠诚，本该如此；不然，我就够不上作他们的朋友，我只好辞职。"①在实际的教育教学生活中，我都是极力地争取做学生的朋友，也努力让学生做我的朋友。

①叶圣陶.叶圣陶教育文集：第二卷[M].北京：人民教育出版社，1994：81.

与孩子在一起，要成为孩子的审美对象。人们经常说教师要“身教”，做“榜样”“孩子模仿的对象”等，实际上就是要让孩子向教师看齐，向教师学习。用现在流行的话说，教师本身就是课程，一举一动都在影响与教育孩子。从美的角度讲，教师要成为孩子的审美对象，给孩子美的感受与体验。

对于我来说，成为孩子的审美对象，首先是向身边的美学习、看齐。1995年7月，我从武汉市第一师范学校毕业分配至武汉市东西湖区吴家山第二小学（1997年12月更名“武汉市东西湖实验小学”），18日去学校报到，第一次见到王校长的情景，一直在我的记忆中不能抹去。为了新学年班级扩容，王校长亲自带着几名教师整理新教室，只见她光着脚丫，手持扫帚，一点一点清扫着冲洗教室后留下的积水。我向大家问好后，向王校长说明了报到的事情。她很和气地让我稍等会，说他们马上就打扫完毕了。见状，我干脆加入他们的劳动之中，帮忙提水和清扫。我边做边想：校长为什么要亲自带领打扫卫生，下面的教师不能完成吗？“学高为师，身正为范”“以身作则”等词出现在我的脑海里，王校长是在为大家做示范、做表率！

劳动结束后，王校长请我去她办公室进行交流。她询问我的个人情况后，又了解我对教学岗位和学科的需求。我坦诚地表达了个人的想法，王校长微笑着点头答应了。我如愿地担任一年级语文教师兼班主任。与我同年级的教师都有比较丰富的教学经验，我只是新手上路，分班时，有的家长还有些质疑。但我心里却在默默地想：可别小瞧我这个新教师，我一定会努力适应岗位，我们的班级也会棒棒的！

成为孩子的审美对象，其次是要做最好的自己。走上工作岗位接手的第一个新班级有96名新同学，这对我的组织管理能力是极大的挑战。每个孩子有不同的家庭教育背景、不同的个性特征，我在认真完成教学任务的同时，还要努力了解每个孩子并试着走进他们的心里。学校考虑到近百名学生的大班额不利于班级管理和教学组织，于是在两周后再次分班。78名学生的班额相较起初的96名学生，在班级管理上还是压力稍小一点，这样的班额状况一直持续到四年级。

我爱这些孩子，每天的"老师早上好"和"老师再见"的问候，都激励着我全身心投入教育教学工作。每天早上，我都提前四十分钟上班，查看班级内务情况，做好课堂教学准备，迎接每名孩子进班。备课等其他教育准备工作，我基本都是在休息日或学生离校后完成。为了更有效发挥学生干部的管理作用和实现学生自主管理，我特别注重对学生干部的培养，每天早间和午间都安排学生干部轮流管理，自己则以观察员的身份观察指导学生干部。一批优秀的班干部得到了快速成长，也大大减轻了我的日常管理压力，提升了班级管理的效能。认真完成语文课堂教学之余，我会旁听其他教师的课，在教室后批改作业或在教室外观察学生的学习状况，及时与其他学科教师交流班级学生学习情况及我采取的班级管理的方法，以便各学科教师整合教育资源和运用相对统一的管理方法进行课堂教学组织，形成教育合力。

孩子的方式，就是孩子的美。按孩子的要求，站在孩子的立场上，以孩子喜欢的方式，创造孩子喜欢的课间生活，是我一直努力做好的事情。我非常注重利用好课间十分钟的时间，组织丰富的小组活动，愉悦身心、增进友谊和进行团队教育。我组织班级学生进行大讨论，明确活动内容，并根据学生喜爱的课间活动项目进行分组，再民主推荐出小组长。学生在课间完成个人喝水、如厕等事宜后，自觉参与课间活动，避免了疯跑打闹，课间活动文明有序，也减少了安全事故的发生。早间提前到校的学生，或自觉进行晨间阅读，或自觉打扫卫生，或自觉接龙跑步等，这些场景，让我这个做老师的也感觉特别自豪和有成就感。

儿童文学家梅子涵曾在为教师所作的一篇文章中写道："一个人如果不是站立在大气的生命高处，那么他怎么可能每天地琐碎忙碌，却每天地笑容满面；日复一日地小心翼翼，却一年到头地精神抖擞？"[①]他认为，教师是站立在大气的生命高处的人，天天忙碌着琐碎，又小心翼翼，却充满热情。在日复一日的工作中，我也感受到：与孩子在一起，欢喜无距离，喜欢在心里，皆离不开我们教师的三个"真"，即真诚、真心、真情。只有真诚，才能一门深入；只有真心，才能渐入佳境；只有真情，才能动人心弦。

世上最珍贵的，莫过于赤子之心。世上最可爱的，便是孩子开心的笑容。世上最难得的，便是童年无忧无虑的时光。世上最简单的，也是童年时期的我们。因一朵花开而欢呼，因一只蚂蚁而来回探索，真诚且纯粹，知足而欢乐。其实，童年会过去，童心却可以一直拥有。即使青春不再，朱颜已改，即使年事已高，步履蹒跚，我们的心依旧年轻，脸上的笑容依旧灿烂。选择与孩子在一起，让我每一天都是新的，都拥有好奇心，都拥有探索欲，都拥有新的热爱。选择与孩子在一起，虽然历经世事沧桑，但内心依旧丰富安宁，性格始终澄澈豁达。

第二节　用心把一件事做好

人生舞台的大小，是心的大小。人生的成就，不是做过多少事，而是做对了多少事。人生的高度，不是你看清了多少事，而是你看准了多少事。心灵的宽度，不是你认识了多少人，而是你包容了多少人。人的价

---

①王艳芬．教师的高度[J]．山东教育：小学刊，2014(34)：9.

值不在于身价，而在于为他人带去正能量；生命的意义不在于拥有的财富，而在于活着的真实；教师的价值，不是你在什么岗位、获得过什么荣誉，而是成全了多少生命。抬头，是为了看到更广阔的天，把初心使命扛上；低眉，是为了遇到更好的自己，做孩子最喜欢的教师。只要心中有明媚和远方，岁月总会把最好的留给你。

每个人的生命里都需要一座"山"。杜甫需要一座泰山，让他一览天下之小。李白需要一座敬亭山，让他在云飞鸟尽之际有"相看两不厌"的对象。我也需要一座山，一座磨砺意志的山，一座沉稳而气象万千的山。在武汉市东西湖实验小学工作的16年间，我经历了从学科教师、班主任到管理部门负责人、副校长的转变，每一步都蕴含着我用心把每一件事做好的决心和不懈奋斗的足迹。十年中层管理岗位经历，可能就是我的那座山，十年的攀登历练了我，涵养了我，丰盈了我，让我宁静淡然。

坚持把一件事做好，需要守住自己的初心。1995年8月至2002年2月，我担任语文教学工作兼班主任，努力地备好每一节课、上好每一节课、批阅好每一本作业、组织好每一次班级活动……在班级管理中，我充分尊重学生身心发展规律和年龄特征，营造民主和谐的班级氛围和温暖平等的师生关系，充分发挥学生的自主能动性和小组互助合作的作用，借力民主公正的评价机制激励学生的个性成长与发展，培养集体主义精神和责任感。在教学方面，我勇当教学改革的排头兵，大胆创新，努力实践，不断提升自己的教学技艺，促进自身专业发展，提高教育教学的质量。

我参加工作的第23天承担了校际联合教研的展示课，获得的评价是"不论是对教材的理解，还是与学生的对话交流及对课堂的组织调控，看起来都不像是刚入职的教师"。王校长当天也观摩了我的课堂，在充分肯定的基础上，也向我提出宝贵的修改建议。随后，我承担了我教学生涯中的第一节区级教研活动课、第一次阅读教学展示课等。不同类型的研讨课都是经过学校教研组和区教研员的多次打磨后与大家见面的，我最大的收获就是知晓了各种不同类型的教材授课时的基本套路，让我在常规教学中明晰了执教此类课文时的流程和要点。上班仅一年半的时间，我在面向全区校长及区级骨干教师的现场展示活动中做现场的课堂教学评点，得到区教育局领导的高度赞赏。我还在区教研员的指导下不断突破，大胆地运用小组合作教学的方式激励学生主动质疑和探究式解决自己提出的问题。

虽然班级学生达到七八十人，但我运用符号管理课堂，学生在课堂上可在小组中讨论，有些有难度或适合分层讨论的话题，学生可下位自主选择伙伴进行交流讨论，在规定的时间和符号提示下，立刻回位，并做到鸦雀无声。每一节课都是老师与学生的思维碰撞和情感交融。学生养成了良好的预习习惯，在预习的基础上努力提出有价值的问题与同学互动交流，认真听取其他同学发言，也能提出自己的观点。学生的倾听、表达、思维等能力在一节节常规课堂上得到锻炼，在一次次班级活动中得到发展。

两年的时间，我班学生的整体素养发展已在全年级中崭露头角，年级其他学科教师承担的公开展示课、竞赛课或各类展示活动，基本是我班的学生上镜，学生锻炼的机会更多了，平台更广了。1999年10月，学校大队委竞选，我们班有6名学生竞选成功，占到了一半的比例，而且是在与更高一年级的同学竞争中入围。1998年，我所带领的班级被评为区级先进班集体，我个人也被评为区级优秀青年教师。

责任，是一个人身份的基点，是一个组织的基点，是人类共同的基点。培根曾骄傲地宣布“知识就是力量”，我却更认同亚里士多德的“责任追随知识”。我出色地完成教学任务和班级管理工作，引起了领导的关注，1998年8月，学校安排我担任教研组组长，对教研组进行创新管理。对于教研组各类工作的推进，我在充分征集意见的基础上拟订计划，尊重年长教师的经验引导，发扬不怕吃亏和奉献精神，组内团结合作，氛围融洽，每项工作的完成都能做到按时、高效。2000年2月17日，这个日子我记忆犹新，是春节后返校的第一天，校长把我请到她办公室，提及政教处主任去筹建一所新学校了，学校考虑把我作为管理后备力量培养，接任政教处主任。其他教育教学工作不变，增加了政教处主任的职责，一开始确实很不容易。班主任队伍中百分之九十的教师比我年长、有经验，我的工作落实起来确实需要付出更多。

从一名年轻班主任到政教处主任，没有人带领开展部门工作，我只能多向分管校长汇报，争取支持，虚心听取年长教师的意见和建议，本着为大家做好服务的谦虚态度，稳步推进工作。我积极协调整合学校各项工作，提倡部门联动开展工作，尽量减轻老师们工作的负担和压力，让他们能安心开展好教育教学工作。我的工作态度和处理问题的能力逐渐得到大家的认可，开展各项工作变得容易多了。起初，我十分注重学生的行为规范养成教育，重视班风和校风建设，每月设定训练重点，利用主题式教育强化推进。例如治理学生乱扔垃圾现象时，发动全方位力量协助管制。首先查找垃圾的来源——多数为零食袋和废纸，然后在学生集会和班、队会时进行节约用纸和不乱扔垃圾的专题教育，接着发动学生干部值守巡查和信息技术教师录像后班长辨认，进行有针对性的个别教育，最后在班主任会和教师大会上进行激励性评价。我在巡视校园中发现有学生丢弃的废纸团，也会展开辨认年级和班级的工作，最终找到乱丢乱扔纸张的人，进行点对点的教育。

针对学生集会课间操的管理训练，我与体育组教师商议，对全校班级和学生行进路线进行规划，划分活动区域，明确学生站立点位；提出

"快静齐"集合整队行进三字诀，安排信息技术教师为示范班拍摄视频，全校各班观摩后利用碎片化时间自主练习，大课间集会时全校反复演练，直至达到训练要求。对于各项常规管理，我都坚持抓反复和反复抓，经过一段时间的训练，学生的行为规范养成教育不断有可喜的成果。

在抓好德育常规管理的基础上，我开始考虑学校德育管理创品牌化发展，提出"月节"活动的管理思路，将学校所有的德育工作和活动贯穿到"月节"活动中，固定"月节"活动方案模板，让班主任开展工作有章可循，学校德育管理形成序列。后期兼任学校少先队大队部辅导员和团支部书记，我更是运用各种力量，促进德育活动内容的丰富化和活动形式的多样化。在不断的努力下，最终形成了学校德育管理"十二月节"活动品牌，并形成了系统的校本教材，沿用至今。我对学校开展的"十二月节"活动进行了梳理和总结，撰写的《以"十二月节"活动为载体，对学生进行思想道德教育》获得了湖北省创新案例评比三等奖。德育管理内容宽泛，科技、体育、卫生、艺术教育等都需有机融合，在学校的关怀和老师们的支持下，各项工作均取得了较好的效果，我也相继获得了武汉市道路交通安全工作先进个人、武汉市科技教育先进工作者、武汉市教育系统关心下一代工作先进个人、武汉市少先队新闻宣传工作先进个人、武汉市优秀团员、武汉市新长征突击手、武汉市少先队新闻宣传工作先进个人等荣誉称号。

坚持把一件事做好，需要不断探索正确的方法。2007年8月，因学校管理工作的需要，我被调岗担任教务处主任。教务工作中，实现教学常规管理的规范化是首要任务，教学质量管理是核心和重心，促进教师专业发展是关键，这些需要统筹协调推进。我利用短短一周的时间抓紧阅读了教学管理方面的书籍，结合实际对各教研组情况进行分析，对新学年教研组成员进行调整及再安排，按照学校整体工作计划拟订教学部门工作计划。在管理过程中，我循序渐进推进工作，将各项常规工作落到实处，让教师感受到努力付出了就能得到个人成长的回报。老师们有怨言，我听着，老师们有烦躁，我受着，只当这些是自我修炼的过程。我也经常换位思考：老师们也不容易，教学工作任务重、学生管理压力大，还有些临时性的工作和迎检等。因此面对老师们不好的态度，我自然也不那么较真。为了进一步规范教学常规管理，在区教学质量形成过程管理指导意见的指引下，我针对备、教、改、导、析等教学环节提出具体的要求和实施建议，静下心编撰了《学校教学质量形成过程管理方案》，足足一个半月，编写、修改、推敲、再修改，觉得没多大问题后，就提交给张校长审核，张校长站在全局的角度提出了建议，我又做了相应的调整。

在张校长的支持下，《学校教学质量形成过程管理方案》印制成册，教师人手一册。教务处组织集中的学习宣讲，各教研组利用教研活动时间又分板块进行细致的学习，明晰教师教学工作的具体要求。方向明确了，行动的针对性自然增强了。我特别注重工作落实情况的检查与评价，提出教研组周查和教务处月查相结合的思路，并强调组长周查需盖章签批，以引起老师们的高度重视，月查后及时利用全体教师大会时间进行集中反馈，表彰典型，树立榜样。每月安排一周的时间进行教学流程检查，各教研组分时段将流程资料送往教务处，每位教师的台账资料我必查并适当签批意见。反馈会上，我会全面通报实际检查情况，用数据说话，进行质性和量化评价。

在教师有了奖励性绩效工资后，管理方案将检查结果与教师绩效待遇挂钩。有一次，一位教师未按时提交流程资料，也未做任何说明，于是我将其考核分评定为零分，要求其在一周内补交资料并接受二次检查，否则影响下月的检查结果。那位教师事后找我理论，说补齐了应该重新评分，我做了耐心细致的说明，维持了原来的评价。这也让其他教师认识到遵守纪律要求的重要性，我们的管理工作不是随意的，而是严谨的。慢慢地，老师也习惯了按时间节点完成工作。我们就这样努力着、坚持着，积极促进学校教学管理从规范化朝着精细化的方向不断前行。

坚持把一件事做好，就是团结一群人，共同把事做好。2009年8月，经张校长提议，学校研究决定，我继续担任教务处主任，同时作为校长助理，协助校长分管教学、德育工作。2010年8月，区教育党委考核小组深入学校选拔后备干部，经民主评议推荐，我很荣幸地得到全体教职工的一致认可，成为副校长。这一年也很特殊，学校要完成高质量创建“武汉市素质教育督导评估特色学校”的工作，任务重、要求高、压力大。作为分管两项中心工作的我，责任自然是很重大的。按照张校长的分工安排，课堂观摩、师生同台一小时的精品节目、学生素质发展抽测及百分之八十以上的资料整理等工作都属于我分管的范畴。

我梳理工作任务，做出进度的安排和人员的分工。资料的整理任务与学校安排同步，在学生离校后进行。其他工作相机渗透到日常教育教学工作中。三天的迎检中，学校各项工作均得到了评审组的高度评价，尤其是一小时精品节目的展演，做到了动静结合、个体与团体结合、台上台下互动、全员参与，浩大的场面无人指挥，节目的穿插与衔接过渡自然，充分展现了学生素质发展的综合水平，让在场的人赞不绝口。其实，这背后挥洒着师生排练的汗水，凝聚着师生高度的集体主义精神。从个体节目的自主练习、板块节目的小组排练、整体单元节目的合排到展示项目的联排，都记不清有多少次，记不清流下了多少汗水。我清楚记得，只要有点滴处未按照要求走流程，我都会毫不客气地指出并要求重新来一遍。这个过程是苦的，到现在我都深深记得那段经历，但回想起来是甜的，因为评审组的“这是前所未有的素质展示”的鼓励让我们感到无比荣耀和自豪。

2011年8月，区教育局委派我到区政府机关幼儿园任职支部书记。这是一项特殊的使命，就是要实现幼儿园身份的转变——由区政府行管局的二级单位到区教育局的直管单位。当时的情况较为复杂，既要实现内部管理的有序，又要实现与区教育局各部门在工作上的对接。虽然工作的学段有差别，但按照上级工作要求和幼儿园实际工作需求做好工作的要求是一致的。作为书记，我也要实现角色的转变，在积极参与园长安排的行政工作的同时，更多的是为行政工作保驾护航。初到新岗位，我就配合着完成机构名称的重新命名，将“东西湖区政府机关幼儿园”改名为“东西湖区机关幼儿园”，并协助建立健全各类管理制度。那时候，因为公立幼儿园极少且该机关幼儿园又处于中心地带，学位非常紧俏，赵园长把招生的工作安排交由我把关。我很感激赵园长的信任，但觉得不能坏了行政管理的规矩，于是提议招生工作按照职责还是由保教处来完成，我全程参与并指导，做到兼顾外部关系又平稳有序。创建“武汉市示范性幼儿园”是幼儿园多年努力的目标，但每次都因为这样或那样的原因未能如愿。关于继续创建一事，区教育局也征求了我的意见，我也表达出积极创建的意见。

对于创建，我还是有感悟和经验的。在赵园长的统筹安排下，我们召开了别样的全员动员大会，提升教职工对创建工作价值的认同感，组织多轮的创建标准的学习，通过标准解读让教职工进一步明确工作目标与任务，进一步规范个人教育教学行为。组织幼儿园领导班子进行讨论研究，拟定创建工作方案，进行合理分工，定期碰头交流汇报。幼儿园环境的改善、汇报材料的撰写、创建资料的整理、汇报课堂的研磨、区角活动的展示演练等有序推进，幼儿园围绕着创建目标开展工作，整体工作状态极佳，最后成功实现了创建目标，取得了“武汉市示范性幼儿园”的荣誉。其间，也有小插曲，那就是奖励性绩效工资发放方案的推行。绩效工资关乎教师个人切身利益，要打破多年来的平均主义做法，是很大的挑战。园长提出了开展此项工作的思路，在调研的基础上，我结合学校的实施办法提出了建设性意见，对绩效工资发放方案进行了完善，最后召开全员教职工大会进行讨论审议，方案得到通过。

首次实施并公示考核结果时，教职工看到自己的绩效工资都不一样，且保育员与教师的差别还超出了他们的接受范围，于是产生了议论。我因外出学习不在幼儿园，园长告知我有几位老师可能会去区教育局找局长理论。教代会通过的方案文本已交分管领导及科室备案了，局长那儿不一定了解幼儿园具体情况。我便建议园长将文本打印盖章后，在局长早间上班时就作汇报，这样老师们与局长对话时，局长在了解情况的基础上就能更有针对性地指导工作了。幼儿园领导班子成员对如何就此事做教职工的思想工作也达成了统一意见，这项改革的推进还是较为平稳的。

用心把一件事做好，既是一种能力，又是一种品质。每一个阶段的工作都有其重心和主要的工作目标。我深知，人的成长是一个漫长的过程，需要恒心与毅力，要求我们静待花开；同时也是一个追求心中理想、梦想的过程，需要“足下行”“步步行”，要求学有所获、做有所成，日日新。每一个初升的朝阳，都期待漫天的灿烂霞光；每一场教育的旅程，都是走向心中的“诗与远方”。育人以教化，培养以大成。因为有对儿童生命成长的深刻理解，所以不急躁，不功利，处事自如，胸有成竹。

用心把一件事做好，是责任，是方法，更是人生智慧。这种人生智慧，是淡然。淡然处世，是对人生的俯视，是对生活的宽容，是对爱恨情仇的隐忍，是把复杂的事情简单做，把日常小事做到极致，把旧事当作新事做，把寻常事当作非凡事做。学会把沧桑埋藏心底，让一切不愉快在记忆中慢慢消化和沉淀，在每一事的细微之处觉察奥妙与机智，把每一个日常练成“折枝成剑”的绝技，为“华山论剑”积蓄力量。

不忘初心，不问西东，便是淡然。淡然，心静，专一，专注。正如丰子恺所说："心小了，所有的小事就大了。心大了，所有的大事都小了。看淡世事沧桑，内心安然无恙。"①人生，只有站得高，才能望得远；只有看得淡，才能放得下。站得高，是始终牢记"为党育人，为国育才，为民族复兴育时代新人"；看淡，是一切都是为了儿童，一切都是因为儿童。学校中层管理干部要完成的任务很多，要处理的问题很多，但思想上不能背负太多。

快乐的人生应该是得之淡然，失之坦然。得与失，顺其自然。用平常心淡然处事，方可举重若轻。走过千山万水，看遍绚烂繁华，阅尽凡尘光彩，唯有淡然最美，人生最终的归宿是淡然！

我崇尚淡然，并不是追求平庸，淡然之淡，绝非淡而无味之淡，而是素净质朴，宁静深沉，它是一种内心的祥和，是物我两忘的情怀，是高山无语、静水流深的深邃，是人生境界的极致。时刻准备着，是我作为党员教师的觉悟；时刻准备着，是我作为党员干部的奉献。

第三节　温和且坚定地当校长

"办好一所学校，校长要有教育的情怀，要有教育管理的智慧，要有国际化的教育视野，用个人的人格魅力、领导艺术和务实的工作作风带好管理队伍，通过推动学校教育管理的变革实现学校规范、内涵、优质的发展，办群众满意的教育。"2013年8月，我走上校长岗位时，就这样对自己说过。我将自己对教育的理解化作潜心的教育实践和扎实的办学行动，取得了丰硕的教育教学成果，带领三所新建学校实现快速发展，带领

①丰子恺．率真集[M]．北京：北京联合出版公司，2020.

老校实现蜕变发展。

作为万科高尔夫小学、恋湖小学、莲花湖小学三所学校的首任法人代表，我带领管理团队打下良好的办学基础，目前几所学校均发展良好。2018年2月，区教育局提出将恋湖小学作为独立的法人机构与万科高尔夫小学进行集团化办学，这是我区首度提出集团化办学。2018年8月，临近教师返校上班的前一天，我调任吴家山第一小学任校长。2021年7月，我牵手新建学校莲花湖小学进行集团化办学。每到之处，都留下了我努力工作的身影，也留下了我与工作伙伴和家长的情谊。

一、在万科高尔夫小学——带领新建学校快速发展

万科高尔夫小学是我校长工作生涯的第一站。2012年3月29日，区教育局后勤与教学条件办公室陈主任带着我初到高尔夫小学时，教学楼地基刚起，外面扎着施工的架子和防护网，我们只能在旁边的空地上看看。学校建在湖边，是标准的湖景房，而且是知名地产集团修建，建筑品质也应该不错，这让我对这所新学校充满了期待。

彼时我尚在东西湖区机关幼儿园担任书记，同时关注高尔夫小学的基础建设和设施设备的购置，构思学校的办学理念。离开学时间还有一个月，高尔夫小学的文化项目建设还在施工中，8月中旬教师入校报到、月底学生陆续报到，学校还是工地，校园的一草一木、一桌一凳还在紧张地添置中，学生的课桌椅直到8月31日晚上才进教室。现在回想起来，感觉如神话般，有好多好多那时的感动至今还留在我的记忆里。为了用家一般的校园环境迎接学生的到来，我们的干部带领着年轻的老师分工协作，俯下身子擦洗墙面、蹲在地上擦拭地面，汗水打湿衣服一次又一次，干了又湿、湿了又干，大家坚毅的眼神、乐观的状态，让我看到了这所新校的前途和希望。我在想，这群年轻的教师也都是家里的娇娇宝宝，

哪曾有过这样的劳动经历？这应该会给他们留下难以磨灭的印象吧，自己“打下的江山”应该会倍加珍惜吧。这也是一次极好的师德教育。我清晰地记得，有一天中午，送餐的师傅将午餐送至二楼时，汤汁从一楼大厅一直洒到了二楼。我默默地观察老师们会有什么样的举动。没多久，我看到一名年轻女教师经过，她发现地上的污渍，连忙去洗手间拿来拖把，沿着汤汁洒落的线路进行清理。我很欣慰，他们俨然已不是我眼中的孩子了。

在万科高尔夫小学，我带领全体教师大力弘扬生命教育，在“激扬生命，发展个性”的办学理念的指导下，积极探索小班化教育教学变革方式，以学生习惯的养成教育和兴趣的培养为根本任务，以提升教师的专业素养和业务能力为关键，探寻办学特色，提升办学品质。牢固树立以教育教学为中心的工作理念，坚持在学校规范发展的基础上探索内涵发展之路，积极朝着办现代化学校的目标努力迈进。

我依据学校教师实际和学校服务对象的特点，十分注重学校文化建设，努力打造拥有“家文化”的工作学习场，营造了良好的育人氛围；建立健全章程制度，实施绩效考评机制，不断加强校风、班风和学风的建设；加大干部和教师队伍的培养建设，提升管理效能，全面提升教育教学质量；加强学校特色建设，始终坚持生命教育的办学特色，将“灵动课堂”、“活力社团”和“家校共同体”三个特色支撑项目的建设落到实处。

万科高尔夫小学在5年的办学中，得到了主管部门、家长和社会的广泛认可和好评，顺利通过了贯彻教育部“两个规程”合格学校、武汉市小学标准化学校、武汉市语言文字示范学校等专项工作的评估验收，在接受市政府调研学生如厕环境及习惯和市区政府场馆开放专项工作督查中获得好评。教师的专业成长和学生综合素质的培养上也取得了较好成绩，教育教学质量居全区前列。学校相继被评为“湖北省文化建设百强名校”、“武汉市小班化教学实验学校”(全市中小学共计30所)、“武汉市教育学会小班化教育共同体学校”、“武汉市现代化学校”、“武汉市‘两个规程’示范学校”、“东西湖区学校绩效考核先进单位”、“东西湖区首批领航学校”(全区小学仅5所)等。

二、在吴家山第一小学——带领传统老校实现蜕变发展

2018年8月,区教育局委派我来到吴家山第一小学担任校长,全面主持工作。这是一所创办于1958年的老校,办学历史悠久且社会关注度高。这与我前面工作的学校有很大的不同,在其他人看来,要办好这所学校是很有难度的。我静心思考,寻找突破点,认准要牢牢抓住队伍建设,发挥学校传统优势,带领学校朝着优质内涵的方向发展。

(一) 着力建设干部队伍,提升管理效能

学校管理是一项系统的工程,要带动学校的发展,首先要明确思路和方向。我严格自律、以身示范,加强干部队伍建设。一是明确管理目标,2018年秋季,我通过SWOT(优势、劣势、机遇、威胁)分析,把精细化管理作为目标提了出来,明确了规范化发展的工作思路。二是优化管理结构,依据实际调整和充实管理队伍。三是创新工作机制,提出部门一日“六巡”制,并试行24小时解决问题制等;每周五举行行政例会,以会带训,指导、反馈部门工作;利用教师大会契机,对教育教学及综合管理工作月视导情况进行反馈,激励干部履职。四是优化对干部的考评,拟定《学校中层及以上干部管理及考评制度》,依照制度做好绩效考评。五是谋划学校横、纵两个切面的管理模式,进一步优化已有的部门纵向式管理,加强年级横向的责任管理,做好“年级分校执行校长”管理的模式构建。六是进一步强化学校过程性管理和及时性工作评价管理。七是

进一步加强学校部门联动，强化主体责任与合作意识，树立好“团队协作、抱团成长”的管理团队形象，提升管理效能。

经过近5年的干部队伍建设，学校干部群体结构合理、年富力强，有强烈的事业心、责任心和努力学习、务实创新的精神。领导班子成员彼此之间“互容、互尊、互学、互补”，形成了“条块相融，动静结合，大事讨论办，小事分头办，人人有事干，事事有人干”的良性管理局面。

（二）精心打造教师队伍，提升教育效能

1.巧用“目标倒推”，激发“生命自觉”。吴家山第一小学积淀深厚，要传承要创新，教师专业要成长，离不开生命自觉意识的帮助。2018—2019学年，学校面向全体教师做教师个人职业发展需求调研，让每位教师制订未来三年的发展规划，做到每位教师有理想，有目标。有了明确目标，教师就能利用目标倒推，确定两年内应达到的成绩、一年内应取得的成果和当下应有的行动，成为自觉教育者和自觉学习者。有目标内驱力的教师，自然充满干劲和生命自觉。

学校把专家请进来，把平台搭建好，把评优政策平衡好，为教师“搭台子、铺路子、压担子”，帮助教师一步一个台阶，实现人生理想。

2.巧抓“两项工程”，激励“梯队共进”。学校组建骨干教师和青年教师培养团队，加强青年教师“基础工程”和骨干教师“培养工程”两项工程建设力度，促进教师队伍的整体优化。

青年教师“基础工程”建设，重在明确任务，落实训练。学校对入职一年内的教师进行基本功跟踪培养，每周有训练、有要求、有作业，每月有集中展示，汇报成果，每学期有教育教学技能及个人综合素养大比拼；组织入职（校）一年内教师的见面课、转正过关课、汇报课，提升其课堂教学能力；组织入职三年内的年轻教师每月开展理论学习、教学研讨、读书

沙龙分享等活动。

骨干教师“培养工程”建设，重在明确目标，搭建平台。学校明确团队成员具体培养目标，落实每月研讨交流、展示及个人教学成果推介。

学校通过校本培训、教研、科研三者有机融合，同频共振，形成合力，有效促进了教师专业素养的全面提升。2019—2021年，在市、区两级优秀青年教师和学科带头人评比中，吴家山第一小学新增市级学科带头人1人，市级优秀青年5人，区级学科带头人8人，区级优秀青年教师5人。强有力的师资力量为培养高素质的人才奠定了坚实的基础，近年来学校教育教学质量在全区小学中名列前茅。

近年来，吴家山第一小学从规范化管理向精细化管理、内涵优质发展的方向不断迈进。学校相继获得全国文明校园（全市中小学仅6所）、湖北省校园文化建设百强学校、湖北省校本培训示范学校、武汉市素质教育特色学校、武汉市现代化学校、武汉市综合办学水平示范学校、武汉市文明单位、武汉市五星级民主管理先进单位、武汉市十佳书香校园、武汉市十佳少先队集体、武汉市首批义务教育管理标准达标校等殊荣。

“路曼曼其修远兮，吾将上下而求索”，在教育的雄关漫道上，我也将不懈努力，不断筑牢成长的阶梯，攀登教育理想的高地。校园是孕育民族希望的沃土，“竹影扫阶尘不动，月穿潭底水无痕”，近三十年来，我心无旁骛地用一颗简单的心去做纯粹的教育，不断追求学校的内涵品质提升，将拳拳的赤子之情蕴藏于办学的点滴细节中，努力打造“学生向往的学习乐园、教师追求的精神家园、家长满意的和美校园”，追求卓越品质办学——办好教育质量优异、办学特色鲜明、具有现代化教育气息和国际视野的未来优质学校，培育有理想、有本领、有担当的未来新一代，步履坚定，逐梦向前！

有人说，教育不能仅仅看得见教育，更要看得见人；学校不能仅仅看得见人，更要看得见事。看得见人，了解学校真实的人；看得见事，贴身洞察学校的事。高质量的教育，对于每一所学校而言，既是基本的追求，又是一大挑战。学校文化的理念赋能、学校环境空间的场景革命，支撑着新时代育人方式和高质量教育的变革。因为对教育理解深刻，所以不折腾，遇事不乱作为，处事泰然，大大方方。

大海可纳百川，在于容的气度；群山可耸云霄，在于势的高度。做人如山，望万物，而容万物；做人似水，能进退，而知进退。没有人能烦扰你，除非你拿别人的言行来烦扰自己；没有放不下的事情，除非你自己不愿意放下。当校长，只有一件事，就是学生的事，只有儿童生命成长放不下。好校长，要做到无事心不空，有事心不乱，大事心不畏，小事心不慢。

胸怀有多宽，天地就有多宽；心量有多大，事业就有多大；见地有多高，境界就有多高；眼光有多远，梦想就有多远；智慧有多圆，人生就有多圆；慈悲有多广，缘分就有多广。所以胸怀、心量、见地、眼光、智慧、慈悲，才是人生的尺寸。在这浮躁、现实、功利的现实社会生活中，在这日益复杂的办学环境中，在这个只有穿过教育概念的丛林，才能真正地抵达理想教育的彼岸的教育求索中，我选择当一个温和而坚定的校长。

做一个温和而坚定的校长，在学习、生活与工作中始终秉承持之以恒的状态，对不确定的事情保持乐观，对热闹的事情保持清醒，对突发的事情保持冷静，如同初升的太阳积极向上，以持久的韧劲去体会每一个新的一天，以向善、向真、向美的态度、精神对待学习、生活与工作事务，让自己真正做到心有所系、梦有所成。

温和，就是人文情怀、人文关怀。

教育的根本目的，就是为了人的发展，它不仅要为人才奠基，更要为“人”奠基。因此，教育必须做到“目中有人”“心中有人”“把儿童放在心尖上”“教师第一”，校长眼中、心中一定要有教师和学生，让每一个教师和学生都能够获得尊重，享受作为人的尊严，体味到一个活生生的人的荣耀和价值。

在急剧变化的社会环境中，教育尤其要不为喧嚣所动、不为流俗所惑，成为社会思想文化领域里的一种稳定力量。有道是“静水流深”，一张张证书、一个个奖牌，就宛如水面的波纹和浪涛，踊跃飞溅固然热闹，但朴实内敛也许更不失为一种美。

如果教育忽视人的存在，不注重人文关怀，不坚持以人为本，藐视生命个体的存在与差异，如果仅把学生当成学习机器，把教师当成给校长“争帽子”的工具，把知识的生硬传授当成唯一目标，把成绩分数作为唯一追求，这样的教育就会因为缺少人性而少了温度，因为缺少情怀而少了美丽，注定是要失败的。

教育孩子有颗善良的心，有良好的行为习惯，有优秀的思想品质，向着积极的方向发展就可以了。给孩子提供合适的教育，让孩子自然生长，当孩子走上社会后，即使做着一些在外人眼里很“卑贱”的工作，但他们的内心仍然有美好的愿望，他们仍然过着一种快乐、幸福的生活，这也是教育的成功。

转变育人方式，提高办学质量，校长需要寻求一种力量，一种可以约束杂乱思想，让心灵重归安定的力量。这种力量，是温和的力量。

温和，就是小步改，积微小而大成。

教育是为育人理想而奋斗的事业，教育的第一要义就是人文关怀。人文关怀就是对人的生命价值的关怀，就是对人生意义的关怀，就是对家国天下、黎民苍生的关怀，就是对人类命运的关怀。从这个意义上来看，拥有人文关怀意味着一个民族是健康的、有生命力的，并且充满希望，它的各行各业都应该具备人文关怀。

坚定，就是回归常识。

坚定，就是面向未来。

情感一定得纯粹、朴素、真诚，唯有如此才能具有在平凡的场景里发现美的能力，才可能在我们身上发掘出如醇厚的泥土、朴实的草木、沉稳的高山、清澈而奔腾的河流般的内质。这是我在教育事业上一路走来最深切的体会与感悟。

我总要求自己做一个对生命胸有成竹的人，总是保持内心的力量与宁静，追求内在一致的最高境界。这种要求、这种保持、这种追求，就是方向、决心与内在根本的和谐，让我把生命转变成心流体验，并赋予人生意义与事业价值。

这一路走来，我从来不觉得匮乏，从来不害怕出乎意料的事，从来不惧挑战与重任。因为与孩子在一起的每一刻都饶富意义，大多数时候都乐趣无穷。这种感受与中国教育学会副会长、北京史家教育集团王欢校长一样："41年的教育生涯，我的青春已不再，但我仍觉得自己的笑容是美丽的，心态是年轻的，精神是饱满的，希望是永恒的。因为，我们每天看到的是童真的笑脸，聆听的是心灵花开的声音。"

时间从来无言，却见证了所有真心。余华曾说过：没有什么比时间更有说服力了，因为时间无须通知我们，就可以改变一切。太多的人事，经不起日月的轮换，经不起光阴的蹉跎，经不起时间的考验；却又有太多的人事，历经了岁月的风霜，历经了生活的磨砺。从青涩、芳华到成熟、丰盈，以后还会衰老、迟钝，但真心永在。

第二章

我探索：小班里的生命之花

全国著名教育学者、江苏省教科所原所长成尚荣先生在《中小学管理》杂志上的《随想录》专栏中这样写道："我们只有相信学生，无条件的；依靠学生，没有任何理由的；站在美的一边，永远的。唯有如此，所谓教育研究才会从善端出发，也才会落在美的一边。当研究是美的、教育是美的，学生才是美的，生根、铸魂、益智、润心，这一教育的目标与本质才会真正实现。"[①]始终站在美的一边，工作是美，生活是美，让儿童、教师和自己在美好教育中收获美好，成为美好。

舒展每一个儿童的生命，永远是校长、教师不会结题的研究课题。我特别幸运在"小而美"的武汉市万科高尔夫小学当了几年校长。针对当时学校的班级、学生数量不多的校情，我带领学校全体教师按武汉市教育局"小班化教学"项目总体安排，开展了小学"小班化教学"研究工作，以学生习惯的养成教育和兴趣的培养为根本任务，积极探索小班化教育教学变革方式。其间，我主持了湖北省教育科学"十二五"规划2014年度立项课题——"小班化试点学校教育教学变革的实践研究"的研究工作，得以从课堂教学、课程建设、班级管理、教学评价等各个方面系统开展小班化教学探索与实践，深切地感受到"激扬每一个儿童生命，

①成尚荣．始终站在美的一边[J]．中小学管理，2022(8)：63.

发展每一个儿童个性”“美在每一朵花都会美丽绽放”的教育意义与价值。

第一节　让生命之花自由绽放

尊重儿童生命，让儿童在顺应生命自然、自由成长的教育中，成长为有理想、有本领、有担当的人，是我的教育信念之一。《荀子·天论》中说：“万物各得其和以生，各得其养以成。”生命就是如此神奇，儿童的生命成长就是如此神奇自然，生机勃发，千姿百态。校长、教师不仅要相信学生，相信生命的神奇，相信生命的精彩，更要敬畏生命，尊重儿童，成全儿童生命的精彩。

世间里的每一个平凡生命，都可以依据自己的特长，绽放自己与众不同的美丽花朵，美丽自己，美好我们生活的这个世界。社会就是因物种、生命个体不同，才展示出多元、独特的美丽。教育也正是因为这各个不同的生命个体而奥妙无穷、魅力无穷。让生命之花自由绽放，是教育最诗意的表达与最浪漫的追求。

每一个生命的花朵的自由绽放，就是百花齐放的春天，就是美好学校、美好教育，就是美好社会、美好生活，就是我们美丽的祖国。

教育，就是要呵护生命，为生命之花自由绽放提供阳光、空气、水分、土壤。乌克兰心理学家科斯鸠克认为，“所谓发展，不是接受了同人类无关的外力冲击之后产生的某种惯性过程”，而是“自我运动——自然的、内部的、必然的运动”。[①]学校要让所有学生感受到美好的召唤、鼓励与引领；要让所有学生感受到温暖的支持、帮助与友好；要让所有学生都被

①钟启泉.现代课程论(新版[)M].2版.上海:上海教育出版社,2003:312.

热情地接纳，没有歧视，没有放弃；要让所有学生的学习都是真诚的、安全的、正义的。如此，学生的生命才是自然舒展的、自由绽放的。特别是，生命是流动的和开放的，学校教育不仅要尊重生命，还必须向学生提供生命世界所渗透的经验，使学生能够同充满奇妙和惊异的世界沟通。

我坚信生命的自然生长是最好、最美妙的生长，是个性、特性与环境、条件完美融合的生长。我理解的"自由绽放"，是自然生长的状态，也是自然生长的结果。这是对规律的尊重，也是基于规律的教育实践与教育创造。这种生长，不是竞争，不是拼抢，不是"抢跑"，也不是"疯长"，而是共生共长。学习是学生自己的事，自己的成长历程，不能被代替、被包办，更不能被包装。教师要为每一个学生提供相应的、能够实现自主选择的支持和帮助，促进双方共同发展。我们要培养孩子对未来有期待，对事物永远保持好奇心，正确地对待未来，面对挫折，懂得学习。我希望我们的孩子有独立的思考，他们不怕挫折，敢于从挫折中学习，学会做人。"自由绽放"是每一个生命都应有的样子，都必须有的幸福状态。"自由绽放"就是幸福的能力，就是给予别人幸福的能力。

让生命之花自由绽放，不是让某朵花、部分花绽放，而是让所有的花朵都绽放；不是让所有花朵都同时绽放、规定式绽放，而是让每朵花根据自身特点，可以脱颖而出，也可以姗姗来迟，可以一枝报春，也可以满园春色；不是让所有花朵都颜色相同、形状相同，而是让每朵花争奇斗艳，各美其美。我心中的"自由绽放"，是灵魂的创造，是精神、品德的升华。学校教育是塑造灵魂的教育，是培根铸魂的教育。雅斯贝尔斯认为教育的本质是精神的，而非物质的，是非物欲诱惑下的教育，是人的灵魂的教育。

花朵绽放，是生命的必然，也是生命的必须，是种族的延续，是生命的意义之所在。花朵自然绽放，就是把自己的花瓣打开，让花蕊迎向阳光。花朵自然绽放，就是把自己的芬芳释放，把花香交给天空。儿童在成长过程中，就是要昂着头向着太阳，散发出纯真、纯洁、灿烂的童年味道。这个过程，就是儿童生命向上生活、向美而行的过程。

让生命之花自由绽放，并不只是为了绽放而绽放，而是让美好的种子播撒到远方，播撒到未来，播撒到中华大地，播撒在中华民族伟大复兴的征程中。绽放，不只是结果，更是责任，是为党育人、为国育才，是培育时代新人，让新时代的儿童成为第二个百年奋斗目标的奋进者。

让生命之花自由绽放，不只是学生生命之花的绽放，教师教书育人的生命之花也应该自由绽放，绽放在立德树人、全面发展学生综合素养的育人岗位上，绽放在为祖国培养时代新人的奋斗中。

教育也是有生命的，教育的生命之花也应该自由绽放。教育的生命之花、学校的生命之花，就是质量之花、品质之花、教育改革创新之花。它的自由绽放，必然改变千校一面、万校一模的教育生态。我立志把万科高尔夫小学办成绽放生命之花的特色、优质学校，我要在小班化教学研究中，找到让生命之花自由绽放的方法，找到与每一个生命最美遇见的方法。

第二节　激扬生命的课堂

课堂是学校教育教学的主阵地，要舒展每一个儿童的生命，首先课堂教学要有生命力。生命教育是武汉市万科高尔夫小学的办学特色，也是我们的教育哲学。这所“小而美”的学校，为我们探索充满生命力的小班化课堂教学改革提供了平台。

小班化教学不单单是指班级人数少，更重要的是珍视每个学生的独特感受，强调通过适性的教学策略，促进学生主动参与、全面发展和个性发展。基于此，依据学校的实际情况，以课题研究为牵引，以现代学生观理论、多元智能理论、教学最优化理论等为依据，我带领学校老师们实践探索出了“小班化探究式课堂教学模式”，通过灵动课堂、活力社团和家校共同体三个支撑项目，让学生成为课堂学习的主人，让课堂成为师生之间、生生之间充满生命活力的思想、文化、情感的交流活动场。

一、小班化课堂教学模式构建的理论基础

（一）现代学生观理论

现代学生观主张“儿童是天生的学习者”，“儿童的潜能无限”，“学生不仅是教育的对象，更是教育最重要的资源，是动力之源、能量之库”。其主张包含以下四层含义：学生是学习的主体；学生是一个发展的人；学生是一个独特的、有完整个性和独立人格的人；学生是一个完整的生命体。要充分发挥学生主体地位的作用，前提是教师必须尊重学生的生命与个性，否则学生的主体性就成为空谈。

（二）多元智能理论

美国哈佛大学心理学教授加德纳提出了关于智能的新理论——多元智能理论。他倡导学生主动参与、探究发现、交流合作，倡导教师角色、教与学的方式的变革，在教育理论与实践领域产生了极大影响。以多元智能理论为指导的全新的个性化教学理念和最优的教与学方式为提高课堂活动有效性教学策略的实施提供了良好的思路。

（三）教学最优化理论

巴班斯基的教学最优化理论认为：要达到教学最优化的目的，就必须分析学生状况和教学任务，明确教学内容，选择教学方法、方式，拟定

教学进度，对教学结果加以测定和分析等等。要达到最优化的关键：一是分析教材中主要的和本质的东西，确保学生能掌握这些内容；二是选择能有效地掌握所学内容、完成学习任务的教学方法、方式，进行有区别的教学。

基于上述理论依据，我认识到激扬生命的课堂关键是要能够引导学生自主学习、自主探索、自主分析问题和解决问题，即在小班化课堂教学过程中，要凸显自主、探究、合作等几个特征，以自主、探究、合作为主要学习方式，以学生为主体，以教师为主导，以学生自主探究为主线，以自主学习为核心。

二、小班化探究式课堂教学模式

基于小班化教育教学理论研究与实践经验总结，我提炼出小班化探究式课堂教学模式，其操作流程主要包含了四个环节。

（一）创设情境，提出问题

“创设情境，提出问题”是小班化探究式课堂教学模式的起始环节。教师依据教材内容、生活中的问题或者课堂中生成的问题等创设贴近学生生活实际的情境，引导学生提出问题，激发学生的学习兴趣，调动学生的学习积极性。主要从以下五方面入手：

(1)创设问题情境，制造悬念。这种方法适合运用在新授课当中，创设问题情境，制造悬念，激起学生对新知的渴求。

(2)创设故事情境，进入角色。在生动活泼的语文课上可以采用这种方法，让学生随着故事的主人公一起去感受故事情境。

(3)创设生活情境，引发联想。在数学、科学等学科上采用这种方法，可以让学生将书本上的知识与生活实践联系起来。

(4)创设竞争情境,活跃思维。如在复习课当中,教师可设置闯关游戏,让学生之间形成竞争情境,活跃思维。

(5)创设“障碍”情境,激化认知冲突。在数学课上,教师可采用这种方法,让学生迅速进入课堂的学习当中。

（二）自主合作，探究问题

“自主合作,探究问题”是小班化探究式课堂教学模式的核心环节。合作的形式有三种:一是小组合作探究;二是小组深入研究;三是全班集体探究。学生在合作交流中学会互相帮助,实现学习互补,增强合作意识,提高交往能力。为了提高合作交流的有效性,教师要重视对学生合作技巧的培养:听的技能——专心倾听别人发言,要能听出别人发言的重点,及时做出判断,有自己的见解;说的技能——具备发言的勇气,说话时声音响亮,条理清楚,语句完整,语言简练且能突出重点;交往的技能——尊重别人,不随意打断别人的发言,善于采纳别人的意见,给别人插话的机会,修改、补充自己原有的想法,体会他人的情感,控制自己的情绪。

（三）交互反馈，解决问题

“交互反馈,解决问题”是小班化探究式课堂教学模式的关键环节。交互反馈是指在学生个体独立探究的基础上,让学生在小组或班级集体中,充分展示自己的思维方法和过程,相互讨论和分析,揭示解决问题的方法和过程。

（四）巩固应用，形成技能

“巩固应用,形成技能”是小班化探究式课堂教学模式的必要环节。教师根据教材要求和学生合作探究情况,简要归纳、概括讨论要点,对学生应该掌握的方法、概念、道理、技能等，用几句画龙点睛的话交代清楚。然后，要求学生运用自学和讨论探究获得的知识，学会举一反三。下课前一两分钟，可让学生自行总结该课所学到的知识与方法。

三、小班化探究式课堂教学策略

（一）拥有“主权”

通过建立平等和谐的师生关系，营造宽松和谐的学习氛围，让学生拥有良好的学习心态。给学生留足自主活动的时间和空间，给予学生学习的“空白”，保留学生学习的“疑点”，将机会留给学生。引导学生自己发现问题，鼓励学生大胆发表意见，让学生通过自我矫正，在探究过程中掌握学习的方法，体验到自主探究获取知识的快乐。

（二）注重实践

开展综合性学习实践活动，拓宽学生的学习空间，增加实践的机会。实践活动往往因内容丰富、形式多样、贴近生活而容易引起学生的注意，能够激发起学生的兴趣，扩展活动的空间，开阔学生的视野。学生在实践活动中往往兴趣盎然，不再被动接受知识，而是形成自主学习、互相竞争的新局面。

（三）学会合作

小组合作学习一般由兴趣相近的学生自愿组成，每组4—6人，研究问题根据小组成员兴趣爱好自主选择、决定。在共同参与研究的过程中，学生能够养成合作精神和合作能力，彼此尊重、理解，以良好的心态与他人交流，能充分发表自己的看法，注意倾听他人的意见建议，能共同分析与解决研究过程中出现的困难等。学生在合作的过程中不仅学会了研究，更学会了做人。

（四）获得体验

让学生在探究的过程中得到各种各样的体验，通过体验悟到真知，培养崇尚科学的态度和实事求是的精神，培养经受失败的考验、锲而不舍、持之以恒、自强不息、勇于拼搏的精神，培养善于与他人合作、取长补短、共同进步、善于交际、团结协作的精神。

四、小班化课堂教学常规管理范式

精细管理是实施小班化教学的根本。通过实践探索，我们提出了“以教学模式为导向、以高效课堂为突破口、以错题诊断书为抓手、以提高学习能力为目标”的小班化教学课堂常规管理范式。

（一）以教学模式为导向，扎实开展备课管理工作

备好课是上好课的前提。我们结合小班化教学的特点，以教学模式为导向，制定出“课堂教学设计”的模板，要求各学科教师依据此模板做好备课工作，并加强对教师集体备课和个人二次备课的管理。

(1)集体备课。各教研组利用“激趣导学—自主探究—合作提升—拓展延伸”的教学模式加强集体备课，借助集体智慧提高备课实效。集体备课的流程为：个人备课（主备人深入研究，其他组员了解教材自备）—文本对话（主备人提前一周将备课文本发给组员，各个组员分别与文本对话）—互动交流（主备人分享设计意图，组员分别交流，统一意见）—思考内化（主备人按照统一意见修改教学设计）—智慧分享（主备人将最后形成的文本分享给组员）。这样在主备人的组织下，同组教师能深入解读教材，确定单元教学重难点，对每节课的重点、难点、关键点了然于心。

(2)个人二次备课。每位教师不能照搬集体备课成果，而要依据本

班学情进行灵活调整，即个人二次备课。个人二次备课时尤其要重视文本对话环节，教师的关注点要放在学生的认知基础和心理特点上，检查学习内容是否有效整合了学生的学习问题，提炼具有探究价值的问题组织学生合作探究，从而准确揭示学习目标。学期末，每位教师将自己精心修改的教学设计及时归档，教研组组长整理后交由教导处存档，以提供给下一届教师借鉴运用。

(3)精细化检查备课情况。学校强化对教师备课的管理，努力将组级和校级的检查管理落到实处。教研组组长对组内教师的教学设计进行周查：一是检查备课数量，要求超周备课、备课量充足；二是检查备课质量，要求符合小班化课堂教学的理念，依据小班化教学模式备课，有质疑问难的设计，有讨论交流的设计，有学生参与的设计，有课堂提问的设计，有课后教学反思，且反思题材新、内容实、程度深。同时，加强信息技术在教学中的运用设计，完成备课记载表。学校教务处每月对教学常规进行检查，发现问题及时解决；期中、期末时，教导处组织学校行政人员蹲点教研组进行交叉检查。

（二）以高效课堂为突破口，切实提高课堂教学质量

高效课堂是提升小班化教学质量的重要渠道。教师在实施课堂教学时必须认真学习学校的课堂教学评价标准，并认真予以落实。如表2-1所示，武汉市万科高尔夫小学课堂教学评价标准包含学生的学习行为和教师的教学行为两大维度，各50分，共计100分。评价指标突出面向全体学生、全员参与学习活动的特点，既涉及学生学习状态、学习方法和学习效果，又涉及教师教学态度、教学过程等，为提升小班化课堂教学质量提供了基本参考。

表2-1　武汉市万科高尔夫小学课堂教学评价标准

授课教师：　　　　所任学科：　　　　总分：

评价指标		参考标准	权重	得分
学生的学习行为（50分）	学习状态（15分）	全员参与学习活动，无与课堂学习无关行为	5分	
		全程参与学习活动，自主学习时间充分，且有良好的学习习惯	5分	
		积极参与学习活动，感受到学习的乐趣	5分	
	学习方法（15分）	各类课堂实践活动充分、扎实，学练结合	5分	
		能有效参与学习活动，并能自主质疑探讨、合作探究学习	5分	
		能运用课前预习所得，提升参与效能，有搜集积累信息的意识和能力，并能将学习活动与生活经验相结合	5分	
	学习效果（20分）	达到既定的课时学习目标，在教材内容的理解、知识技能的学习或学习策略的运用等方面有新收获。能顺利完成相关练习	10分	
		学科素养得到提高：积累了知识，增长了技能，掌握了某种学习方法，受到了思想启迪	5分	
		带着问题参与课堂学习活动，在已有的学习基础上表现出更强的探究欲望，学习积极性得到进一步激发，创新精神和实践能力得到培养，对学习有成就感	5分	
教师的教学行为（50分）	教学态度（10分）	面向全体学生，平等地对待每一名学生，关注学生的个体差异，关注学生的学习需求，注重学习常规的训练，促进学生全面持续发展	4分	
		认真钻研教材、设计教学；预设的三个维度的目标恰当、明确、切合学生实际；解读好教材，按教学环节要求，设计可行的教学方案	4分	

续表

评价指标		参考标准	权重	得分
教师的教学行为（50分）	教学态度（10分）	教学态度严谨且亲切，善于营造民主、平等、和谐的课堂教学氛围，激发学生的学习兴趣	2分	
	教学过程（25分）	遵循学生的认知规律和各学科的学习规律，围绕目标，突出重点，体现年段教学特点	5分	
		具备较丰富的知识储备和学科素养，组织实施教学体现出教学模式环节；创设教学情境，启发诱导学生主动探究，质疑问难；注重学法的指导，对学生的引导、点拨、启发、评价简明恰当；能灵活有效地驾驭、调控教学	8分	
		教学线索明了，教学过程清晰，各环节过渡自然，张弛有度；合理运用各种教学辅助手段，通过概括性的简洁板书，引导学生突破重难点的学习	8分	
		注重“五个百分百”（即学生发言、互动、激励、展示、收获“百分百”）的落实	4分	
	教学达标（10分）	为不同层次的学生提供活动、表现和成功的机会，三个维度的目标有效落实	4分	
		与学生间展开真实、平等、有效的讨论、交流和探究	3分	
		注重小组合作学习策略在课堂中的运用，每个成员均能积极参与，组员间认真倾听，互助互学	3分	
	教学特色（5分）	基本功扎实，能在正确、全面、深入解读教材的基础上，创造性地运用教材，设计实施教学	2分	
		能使用电子信息技术及电子白板	2分	
		形成具有明显个性特征的教学风格；教学有新意，并有可供他人学习借鉴的价值	1分	
总体评价				

落实课堂评价标准要求，打造真正意义上的高效课堂，需从以下方面去努力：

1.合理分组，打造灵动课堂。首先要对班级成员进行合理分组，小组的名称可由组内成员依据相关提示自由选择。教师授课过程中，要紧紧围绕每节课的教学重难点，以小组为单位展开教学。每节课包括五个环节：①检查课外小组合作学习情况，导入新课；②进行集体授课，即进行课堂重难点的突破与讲解。在集体授课过程中，仍然以小组为单位进行提问与回答，并由每组的记录员进行记录；③进行小组合作学习；④开展竞赛与奖励活动；⑤布置课外合作学习任务，即作业。

2.发挥现代信息技术辅助教学作用，打造学科整合课。以往的课堂教学中，"一刀切"的现象十分普遍，接受能力强的学生能够快速吸收、消化知识，甚至会觉得教师的提问太简单，而接受能力相对较弱的学生，理解则比较困难，还没有弄清楚相关知识，教师已经进入下一个教学环节。而借助信息技术辅助教学，能够实现小学教学的全面性、普遍性，真正做到面向所有学生进行教育。

例如：某教师在执教"个位加减法"的练习课时，利用多媒体信息手段帮助学生在直观有趣的情境中轻松完成习题讲练。开课时，教师利用课件出示美丽的自然场景（场景中有颜色各异的花草、快乐嬉戏的小动物），请学生欣赏、观察，引导学生从画面中获取数学信息。学生对画面上绚丽的色彩和可爱的小动物饶有兴趣，纷纷交流自己观察到的数学信息。课中，教师利用课件的动画演示功能，引导学生观察个位上数字增加或减少时的结果变化，学生很快地计算得出结果，学习的兴趣异常浓厚，学习效果良好。课堂的结束环节，学生谈学习收获时，都分别谈到了信息技术手段的运用能激发他们学习的兴趣。

3.运用多元化的教学方法，激发学生学习欲望。目前我国小学课堂上使用较为普遍的教学方法有多媒体技术法、情境教学法、任务驱动法等，这些教学方法有效提高了小学课堂的效率与质量，符合因材施教的原则。尤为重要的是多元化教学方法的应用，有效改善了传统小学课堂死气沉沉的现状，促进了学生学习兴趣的提高，强化了师生之间的联系。

比如："三角形的认识"一课，教师使用多媒体技术，将比较抽象的数学图形直观地展现给学生，这样学生的认识会更加清晰、深刻。教师可以使用任务驱动形式展示如下动态：屏幕上出现一正方体，用刀切去一角，旁边立即出现一个问题——"截面是什么图形？"问题的引领，让学生有了思考的方向和动力。他们积极探索，在认真操作下，思维得到发散，逐步归纳出了结论：可以是三角形，可以是四边形、五边形。然后教师再引导学生进入三角形的学习，在多媒体上播放直角、钝角、锐角的图形，引导学生在认识角的基础上进行三角形的分类、特征、特性等的讨论与学习。

又如：我在教学"安全才能回家"单元教学内容时，在四个教学活动环节运用不同的信息技术手段，激发了学生的学习兴趣和参与学习全过程的学习欲望。在教学"知晓标志"活动环节时，将学校附近和学生上下学常经过路段的交通标志用幻灯片演示的方式呈现，学生由此亲切地感知了这些标志无声的指挥作用。在教学"认识交通标志"活动环节时，发挥白板功能，让学生将若干不同类型的交通标志送回"家"，学生操作时若有错误，还可直接修改不留痕，方便快捷，学生学习兴趣盎然，争先恐后上台分享学习感悟。在教学"遵守交通规则"活动环节时，用视频展播的方式呈现生活中常见的交通场景，学生感受深刻，竞相表达观点，情景访谈收效明显。在教学"设计标志"活动环节时，提供一个交通标志较少的路段实景图及一定的交通标志电子图样，请学生讨论后将交通标志放置在认为合适的地方，学生通过集体智慧完成设计方案，感觉很有成就感。同时，我在每次的讨论活动环节均使用了计时器，引导学生在规定的时间范围内完成相应的学习活动，既提升了课堂教学的效率，又帮助学生养成了珍惜时间的良好习惯。

（三）以错题诊断书为抓手，改好每一本学生作业

小班化教学模式下，班级学生人数少，教师批改作业不仅要求认真、及时完成，还要求及时反馈。各学科家庭作业全批全改，倡导对重点生、学困生面批面改，指导学生对作业错误进行反思并及时更正。各学科教师引导学生用好“错题诊断书”（见表2-2、表2-3）：先按照单元排序；再根据知识点进行错题摘录、错因分析，将正确解题过程写出；最后进行错误类型分类。

表2-2　错题诊断书（基础题）

所属单元	常见病	诊断	处方
	（题目） （错解）	（分析错误原因）	（正解）

表2-3　错题诊断书（疑难题）

所属单元	疑难病	诊断	处方
	（题目）	（判断数学知识点）	（正解）

以数学学科为例，具体操作如下：

1.错题诊断书（基础题）的使用。基础题的错误诊断，重在将错误原因写具体（见表2-4）。

刚开始时，学生对错误原因往往分析不到位，教师逐步指导他们把要说的话修改准确，次数多了，渐渐就可写完整。

表 2-4 错题诊断书（基础题）示例

所属单元	常见病	诊断	处方
解决问题单元	一条水渠长8千米，已经修了$\frac{3}{4}$千米，还要修多少千米？ 错解：$8\times\frac{3}{4}=6$（千米）	没有看到“千米”，把$\frac{3}{4}$当成分率了。$\frac{3}{4}$千米是已修的长度	$8-\frac{3}{4}=7\frac{1}{4}$（千米）

2.错题诊断书(疑难题)的使用。不会解答的疑难题,需要记录解题所涉及的知识点,以备后续复习巩固所用(见表2-5)。

表 2-5 错题诊断书（疑难题）示例

所属单元	疑难病	诊断	处方
分数应用题单元	一个桶里盛$\frac{2}{5}$的油漆，连桶共重3千克；如果盛了$\frac{3}{5}$的油漆，那么连桶共重4.2千克。这个桶重多少千克？	要找准具体量对应的分率。相差几千克油漆对应的是几分之几？	先求出油漆重量： 油漆相差（4.2−3）千克——$(\frac{3}{5}-\frac{2}{5})$； 油漆总重量（　　）千克——“1” $(4.2-3)\div(\frac{3}{5}-\frac{2}{5})=6$（千克）。 再求出桶的重量： $3-6\times\frac{2}{5}=0.6$（千克）

3.分析整理。

积累一定数量后,可将错题诊断书按概念混淆、计算错误、题意不理解等错误类型分类装订,以便于复习查阅,也可按自己的习惯分类。此方法让学生成绩有了大幅度提高。

（四）以提高学习能力为目标，合理开展培优补差

辅导学生是教师教学工作的延伸和补充，是实现学生差异发展的重要形式。学校鼓励教师使用“错题诊断书”，采取多种形式对学生易错知识点进行诊断，强化学生对知识点的正确理解，根据实际学情有针对性地开展培优补差工作。

1.常用常温。万科高尔夫小学教学以错题诊断书为依托，有针对性地复习巩固。如每个单元的复习中，教师利用错题诊断书给学生分析错题，学生利用错题诊断书自己分析、复习。临近期末检测，学生根据自己的学情有针对性地看一些错误率高的题目，教师和家长也可根据错题诊断书的反馈，精选一些适合学生的学习资料，针对薄弱点进行强化训练。错题诊断书能让复习在有限的时间内达到事半功倍的效果。

2.互相借鉴。以好友、同桌、组、班等多种形式组织学生合作“互说”错题，研究彼此积累的错题，通过这样的探究学习平台，使学生对错题有更深层次的认识。学生述说自己的错题的过程，实际上是对解题思路的整理，这是训练学生解题思维的有效途径。

3.列举迁移。对学习能力强的学生进行一些典型题的变式训练，对弥补知识漏洞、提升解题能力很有效。如五年级下册一道有关长方体表面积计算的典型题：“一个教室长8米，宽6米，高4米。要粉刷教室的顶和四壁，若平均每平方米用石灰200克，一共需要石灰多少克？”教师可将关键信息改编成“只粉刷四壁”，增加“除去门窗面积22.4平方米”的解题条件，问题单位改为“千克”等，让学生辨析题目的变化，并迁移反思这样会产生哪些典型错误。最后可让学生自主进行易错题的列举改编。

4.发展全体。从“关注个体差异，以学生发展为本”这个角度去思考，错题诊断书除了对中等生的发展有帮助，对于优生或后进生的学习

能产生怎样的效果？或者需要进行哪些调整？对“错误资源”的深入研究，能让每一个学生走出误区，激活学习的潜能，实现有效学习。

五、小班化探究式课堂教学模式评价

小班化教学模式突出学生的主体性、自主性和独创性，关注每一位学生，以实现课堂“五个百分百”为目标，制定了相应的评价工具。

（一）发言百分百

具体要求是除在小组内发言外，每一个学生每节课上至少要有一次发言机会，教师引导学生当众发言，对不爱发言的学生要多给机会、多引导、多鼓励。讲授新课时，教师要根据学生的层次设计不同的问题，为不同层次的学生发言提供保证，让A类学生吃得饱，B类学生跳一跳能够摘到果子，C类学生在低起点、小坡度、密台阶的精心组织下也能消化得了。对后进生的提问，尤其要有针对性，要注意在小组中有意识地多给后进生发言机会。

（二）互动百分百

有效的师生互动、生生互动能产生更多的思维碰撞。小班化教学中学生的就座方式由传统的前后排列方式改为学生分组围坐在一起，增加了师生间、生生间、组组间、主客体间交往的频率和密度，为每一个学生平等地参与小组互动提供了保证，让学生思维真正动起来，有所思、有所想、有所表达，敢于创新。学校的小班课堂每一节课都设计有小组内师生互动、生生互动和小组与小组之间互动的环节，努力让百分之百的学生参与到学习互动中来，更好地掌握知识和技能。为此，学校研制了师生有效行为观察表（见表2-6）、学生小组合作学习有效性观察表（见表2-7）。

表2-6　万科高尔夫小学小班化教学师生有效行为观察表

<table>
<tr><td colspan="2">执教人</td><td colspan="2"></td><td>班级</td><td></td><td colspan="3">观察时间</td><td></td></tr>
<tr><td colspan="2">课题名称</td><td colspan="4"></td><td colspan="3">观察者</td><td></td></tr>
<tr><td colspan="10">观察目的：引导教师真正把小班化教育的理念融入课堂教学之中；诊断教师课堂教学的问题，分析原因，找出对策，解决问题，促进教师不断成长，实现激励百分百、收获百分百。
研究问题：在课堂教学中师生行为的有效性。</td></tr>
<tr><td colspan="2">项目</td><td colspan="4">要点</td><td colspan="3">分数等级</td><td>得分</td></tr>
<tr><td rowspan="6">教师行为</td><td>教学目标</td><td colspan="4">定位准确，符合课程理念和学生多元化的需求</td><td>5分</td><td>3分</td><td>2分</td><td></td></tr>
<tr><td>教学策略</td><td colspan="4">教学策略灵活，合作学习重实效、重反馈，给学生展示的机会</td><td>5分</td><td>3分</td><td>2分</td><td></td></tr>
<tr><td>教学模式</td><td colspan="4">运用学校教学模式，体现小班化课堂教学特点</td><td>5分</td><td>3分</td><td>2分</td><td></td></tr>
<tr><td>教学情境</td><td colspan="4">努力创设问题、交流、质疑、运用等多种情境与学生互动</td><td>5分</td><td>3分</td><td>2分</td><td></td></tr>
<tr><td>教学态度</td><td colspan="4">情绪饱满、面带微笑，语言有感染力</td><td>5分</td><td>3分</td><td>2分</td><td></td></tr>
<tr><td>教学评价</td><td colspan="4">适时评价、激励，做到激励百分百</td><td>5分</td><td>3分</td><td>2分</td><td></td></tr>
<tr><td rowspan="5">学生行为</td><td>情绪状态</td><td colspan="4">有兴趣，愉悦，学习欲望不断增强</td><td>5分</td><td>3分</td><td>2分</td><td></td></tr>
<tr><td>注意状态</td><td colspan="4">始终关注主要问题，注意力集中</td><td>5分</td><td>3分</td><td>2分</td><td></td></tr>
<tr><td>参与状态</td><td colspan="4">全员参与、发言积极、思考积极</td><td>5分</td><td>3分</td><td>2分</td><td></td></tr>
<tr><td>交往状态</td><td colspan="4">民主、友好，遇到问题共同解决</td><td>5分</td><td>3分</td><td>2分</td><td></td></tr>
<tr><td>思维状态</td><td colspan="4">围绕问题思考，语言流畅，敢于质疑，问题有创意，有自己的思考</td><td>5分</td><td>3分</td><td>2分</td><td></td></tr>
</table>

表 2-7　万科高尔夫小学小班化教学学生小组合作学习有效性观察表

<table>
<tr><td>执教人</td><td colspan="2"></td><td>班级</td><td></td><td colspan="2">观察时间</td><td></td></tr>
<tr><td>课题名称</td><td colspan="4"></td><td colspan="2">观察者</td><td></td></tr>
<tr><td colspan="8">观察目的：了解学生在小组合作学习中主动探讨问题、合作学习的能力，实现互动百分百。
观察要点：分工、合作、倾听。
研究问题：学生在小组合作学习中参与学习的状态。</td></tr>
<tr><td>小组数量</td><td colspan="7"></td></tr>
<tr><td rowspan="2">小组活动</td><td>次数</td><td>第一次时长</td><td>第二次时长</td><td>第三次时长</td><td colspan="3">评价</td></tr>
<tr><td></td><td></td><td></td><td></td><td>很好</td><td>好</td><td>一般</td></tr>
<tr><td rowspan="3">组长所做的组织工作</td><td colspan="4">能积极地为小组服务</td><td></td><td></td><td></td></tr>
<tr><td colspan="4">能平均、合理地分配任务</td><td></td><td></td><td></td></tr>
<tr><td colspan="4">能做好组织、协调工作</td><td></td><td></td><td></td></tr>
<tr><td rowspan="4">小组合作情况</td><td colspan="4">每个成员都能积极地参与小组活动</td><td></td><td></td><td></td></tr>
<tr><td colspan="4">每个成员都有自己明确的任务，并能认真地完成任务</td><td></td><td></td><td></td></tr>
<tr><td colspan="4">小组成员间能认真倾听，互助互学</td><td></td><td></td><td></td></tr>
<tr><td colspan="4">小组合作氛围愉快，合作效果好</td><td></td><td></td><td></td></tr>
<tr><td colspan="8">小组合作学习亮点：

小组合作学习活动中存在哪些不足，怎样改进？</td></tr>
</table>

师生有效行为观察表能帮助教师真正走进小班化教学，把小班化教育的理念融入自己的课堂教学之中。学生小组合作学习有效性观察表能帮助教师了解学生在小组合作学习中主动探讨问题、合作学习的能力。

（三）激励百分百

每一个学生都有强烈的自尊心，渴望被老师肯定、欣赏。因此，作为小班化教学课堂评价主体的教师，应该充分掌握学生的心理特征，在课堂教学中不吝惜自己的激励语言，使学生获得快乐的内心体验，在增强自信心的同时激发学习兴趣。小班化课堂小组激励性评价以激发、鼓励、勉励、竞争等为教育原则，营造一种"在激励中学习，在竞争中成长"的学习氛围，让大部分学生参与课堂，提高学生的参与度。

（四）展示百分百

自我展示要求教师通过引导、激励等方法，调动学生自我展示的积极性。展示的内容可以是语言表演，可以是写作作品，也可以是美术作品，等等，只要是能突显学生的个人特长或学习收获的，课堂上教师应尽最大努力给学生提供展示的机会。

（五）收获百分百

每个学生在每节课、每次活动中都有发展，都有收获，就会在不同程度上实现自己的成长。在小班化课堂上，学生逐步养成认真、勤奋、善于思考的习惯，百分百的学生具有倾听、思考、质疑、交流、合作等良好品质，在老师指导下，学习能力得到发展和提高。

授课教师在进行课堂教学时，要关注四方面内容。一是学生的参与度。学生在课堂上是否有充分的时间进行交流讨论，全班不同层次的学生是否都能积极参与整个学习过程。二是学生的思维状态。学生在课堂上是否有足够的时间和空间去思考、探索问题，思维是否活跃，是否能够提出有探讨价值的问题，是否敢于发表自己的见解。三是课堂的学习氛围。课堂氛围是否积极主动、生动活泼，师生关系是否民主、平等、和谐，师生、生生之间是否有积极的交往，教师是否创设良好的问题情境激发学生的学习热情，是否正确对待学生的疑问，激励引导学生学习。四是学生的学习效果。学生是否掌握了该课堂上的知识，是否具备利用已学知识分析问题、解决问题的能力，是否有知识建构的过程，是否改变了学习方式，是否培养了主动学习的能力，是否在情感态度上得到升华。

其他教师在进行课堂观摩时也要按照学校课堂观察表(见表2-8)做好记录，力争做到议课时能用数据分析课堂教学效果。

表2-8　万科高尔夫小学小班化教学课堂观察表

<table>
<tr><td>执教人</td><td></td><td>班级</td><td></td><td>观察时间</td><td></td></tr>
<tr><td>课题名称</td><td colspan="3"></td><td>观察者</td><td></td></tr>
<tr><td colspan="6">观察目的：让教师能够关注每一个学生，调动全班学生的学习积极性，做到学生发言百分百、展示百分百。
观察要点：学生发言，教师行走、停留路线，学生参与度。
研究问题：在课堂教学中教师能否关注每一个学生。
黑板
讲台

说明：记录课堂发言学生的位置和发言次数（指名让学生回答问题或朗读等），以画“正”字的方式记录。
综合分析：
班级人数：　　　　小组数：
一、数据分析
参与总人数：　　　　参与率：
发言次数>1的学生人数：　　　　百分比：
二、综合评价</td></tr>
</table>

另外，学校以提高质量为宗旨，注重教学质量评价，抓好单元过关、期中抽测、期末测评三个环节，做好小班化课堂教学质量监测与分析。教学质量监测与分析是教师监测教学成果，总结、诊断和改进自身教学的重要手段。考试的目的是反馈教与学的状况，掌握学习差异信息，然后采取措施，完善教学。所以教师需按要求组织和参与对学生的学习诊断、学习水平监测及质量分析等工作，及时了解掌握小班化教学质量信息。为保证单元质量检测的效度，学校每月进行统一测试，保障常态、有序监测与反馈，有效提升小班化课堂教学质量。

第三节　张扬个性的课程

课程是教学的内容载体，一所学校的教育理念、教育改革主张都渗透在课程的设置和教材的编排中。我认为，学校教育要舒展每一个儿童的生命，唤醒儿童的生命潜能，就要将课程内容结构化地进行丰富重组，让儿童每一日在校生活都是高质量的，让儿童实现个性化、多样化成长，这也应成为课程开发与实施的价值指向。小学生处于身心发展的成长期，具有好奇心强、接受新鲜事物快的特点，只有多样化、生活化、贴近学生实际的课程才能张扬其个性，焕发其生命的活力。因此，在探索小班化教学的过程中，我们主张通过小班化校本课程体系构建，发挥教师的专业特长，开发形式多样的校本课程，打造活力社团，在充分尊重学生独特的个性和特长的基础上，创办系列社团（如美术社团、舞蹈社团、合唱社团、体育游戏社团等），开展丰富多彩的社团活动，拓展学生的学习空间，培养学生的特长。

一、小班化校本课程体系构建

（一）必修校本课程

学校将经典诵读、快乐书法、心灵写真作为必修校本课程。朝读时，教师在学校广播站进行经典的讲解，学生在教室进行学习、诵读；每天中午中自习的前20分钟，各班进行快乐书法的课程学习；学校每周开展心理健康课——心灵写真，对学生进行心理放松与保健教育。这些课程深受全校师生青睐。

（二）年级特色化课程

针对每个年级学生的身心发展特点，学校在各个年级开展了特色化课程，如低年级的形体训练，由家长志愿者进班对学生进行仪态、形体的训练，提升学生的气质；五年级的3D创意打印等课程，带来让人耳目一新的体验。丰富有趣的年级特色化课程，让不同年段的孩子们能在特色化课程中享受快乐，获得知识。

（三）选修式校本社团课程

每周二、周三下午第二、第三节课为社团课程。学校根据学生习惯、兴趣，推出了选修式校本社团课程，打破班级的界限，让学生进行“菜单式”选课。像“电脑达人”等课程既与“两纲”融合，又与基础性课程相交融，是学生与教师都喜闻乐见的课程。

必修校本课程的开设注重学生学习与生活的有效衔接，年级特色化课程特别注重梯度性，尊重儿童成长的规律性，选修式校本社团课程则是充分发挥教师个体对学生成长所起的独特影响作用。总之，学校课程、年级课程与班级课程相互关联、互为补充，形成对国家课程、地方课程的拓展延伸，丰富学生的课程体验。

二、小班化校本社团课程体系构建

社团是现代教育的一种创新方式，它形式活泼，内容丰富多彩，深受学生喜爱。它不但是学生个人素质提高和能力拓展的有效载体，而且作为一种课程成为校园文化建设的生力军。

（一）校本社团活动课程化

本着“激扬生命，发展个性”的教学理念，自2013年建校以来，万科高尔夫小学就一直以活力社团的建设作为学校的一大特色，并创新性地将社团活动与教学课程成功结合，实现了社团活动的课程化设置，为全体学生提供了一个更加符合自身兴趣和发展方向的平台，为学校社团建设开辟了一条新的途径。学校根据已有的社团情况，从运动与健康、科学与实践、文学与口语、艺术与梦想四个维度构建学校社团课程体系（见表2-9）。

表2-9　万科高尔夫小学社团课程体系

社团主题	运动与健康	科学与实践	文学与口语	艺术与梦想
社团名称	啦啦操社团、体育游戏社团、围棋社团	科学小人才社团、电脑达人社团、3D创意打印社团	硬笔书法社团、英语社团、小主持人社团、绘本阅读社团、看图写话社团、阅读与写作社团	口风琴社团、合唱社团、舞蹈社团、手工社团、拉丁舞社团、古筝社团

社团活动在朝着制度化、规范化、多样化的方向健康发展的同时，为开发校本课程提供了可能。

（二）构建社团课程管理模式

社团课程管理是指将社团的自主性、灵活性、自发性、人文性、体验性纳入学校教学管理模式中，在社团管理中预设教学指标，监控出勤，监控课程目标达成度及情感意识等评价指标，对学生进行全面、多元的评价，解决学校社团活动过程中出现的问题，促进学生身心健康发展。结合本校社团活动实践，我带领教师们进行社团课程化管理模式的研究，力图找到适合自己学校特色的、科学的、促进社团可持续发展的管理模式。

1. 精准定位，制定管理章程、长期规划。

首先，把社团课程纳入学校课表，确定社团课程的时间、地点、参与对象。作为学校课程的一部分，社团课程安排在每周二、三、五下午。每周二下午开设舞蹈、合唱等社团选修课；每周三下午最后一节课，一至三年级进行形体训练；每周五下午，科技含量比较高的电脑达人社团及3D创意打印社团进行社团活动。

其次，固定社团课程教学地点。课程实施要有固定的教学地点。根据每个社团的形式，学校在开学初就安排好了固定的地点开展社团活动，如合唱社团安排在音乐教室，口风琴社团安排在科技探究馆等。

再次，规范选课制度。选课实行双向选择，确定人数。学期初，由社团教师设计招募词，张贴招募海报并到各个班级进行流动招募，吸引学生参报社团。社团招募宣传完成后，全校学生自主报名，名单整理汇总到各个社团教师手中，由社团教师进行反向选择，班主任在征询学生意见的前提下进行适当调整。社团课程安排情况（部分）见表2-10。

表 2-10　社团课程安排情况表（部分）

<table>
<tr><th>课程时间</th><th colspan="2">社团名称及参与对象</th><th>课程地点</th><th>辅导教师</th></tr>
<tr><td rowspan="12">每周二下午
第6节
（14:55—
15:35）</td><td colspan="2">绘画（一、二年级）</td><td>三楼美术室</td><td>××老师</td></tr>
<tr><td rowspan="2">体育游戏</td><td>（一年级）</td><td>室外</td><td>××老师</td></tr>
<tr><td>（二年级）</td><td>室外</td><td>××老师</td></tr>
<tr><td colspan="2">舞蹈（一、二年级）</td><td>一楼舞蹈室</td><td>××老师</td></tr>
<tr><td rowspan="2">英语</td><td>（一年级）</td><td>一（1）教室</td><td>××老师</td></tr>
<tr><td>（二年级）</td><td>二（2）教室</td><td>××老师</td></tr>
<tr><td colspan="2">绘本阅读（一年级）</td><td>一（2）教室</td><td>××老师</td></tr>
<tr><td colspan="2">看图写话（二年级）</td><td>二（1）教室</td><td>××老师</td></tr>
<tr><td colspan="2">古筝（一、二年级）</td><td>四楼古筝室</td><td>××老师</td></tr>
<tr><td colspan="2">围棋（一、二年级）</td><td>四楼围棋室</td><td>××老师</td></tr>
<tr><td colspan="2">拉丁舞（一、二年级）</td><td>一楼小厅</td><td>××老师</td></tr>
<tr><td rowspan="13">每周二下午
第7节
（15:45—16:25）</td><td colspan="2">绘画（三、四、五年级）</td><td>三楼美术室</td><td>××老师</td></tr>
<tr><td colspan="2">手工（三、四、五年级）</td><td>三楼劳技室</td><td>××老师</td></tr>
<tr><td colspan="2">羽毛球（三、四、五年级）</td><td>篮球场</td><td>××老师</td></tr>
<tr><td colspan="2">啦啦操（三、四、五年级）</td><td>户外</td><td>××老师</td></tr>
<tr><td colspan="2">合唱（三、四、五年级）</td><td>四楼音乐室</td><td>××老师</td></tr>
<tr><td rowspan="2">英语</td><td>（三年级）</td><td>三（2）教室</td><td>××老师</td></tr>
<tr><td>（四年级）</td><td>四（1）教室</td><td>××老师</td></tr>
<tr><td colspan="2">古筝（三、四、五年级）</td><td>四楼古筝室</td><td>××老师</td></tr>
<tr><td colspan="2">围棋（三、四、五年级）</td><td>四楼围棋室</td><td>××老师</td></tr>
<tr><td colspan="2">小主持人（三、四、五年级）</td><td>一楼探究馆</td><td>××老师</td></tr>
<tr><td colspan="2">阅读与写作（三、四、五年级）</td><td>四（2）教室</td><td>××老师</td></tr>
<tr><td colspan="2">硬笔书法（三、四、五年级）</td><td>五（1）教室</td><td>××老师</td></tr>
<tr><td colspan="2">电脑达人（三、四、五年级）</td><td>二楼微机室</td><td>××老师</td></tr>
</table>

最后，制定全面、详细的社团管理章程，将社团运作纳入规范化操作体系。学校针对社团课程拟定了一系列管理章程，同时制定了长期规划、短期计划，既为考核提供标准，又使社团能够持续发展。各个社团在遵循学校制度的基础上制定自己的规章制度，让行动有章可循。

2.严格落实常规，强化社团课程实施过程监管。

按照教学过程性管理，做到有计划、有目的、有记录、有总结。每学期的社团活动开展形成了较为固定的模式，分三个阶段进行：

第一阶段：组团准备阶段（学期第1周）

第二阶段：社团活动阶段（学期第2—17周）

第三阶段：成果展示阶段（学期第18周）

各社团严格执行社团活动过程中的点名、考勤制度。课程化的社团管理方式要求在社团活动过程中，对学生严格地进行点名及考勤。另外，落实社团教师的教研活动，促进其提升专业素养，多渠道支持教师“走出去”观摩其他学校社团发展。

（三）社团活动评价多元化，发挥评价的引导激励作用

社团活动评价与管理是密不可分的，都是引导和促进社团活动有效实施的重要手段。万科高尔夫小学的社团活动评价是多元的，主要分为过程性评价、终结性评价、成果性评价和等级评价四种形式。过程性评价，即在社团活动开展过程中，学校组织专门的管理人员对社团活动内容设计和实施、学生参与情况、活动效果等进行评价。终结性评价，即学校以学期为单位对阶段性的社团活动予以质性评价。成果性评价，即学校考核小组对社团申报的活动成果进行认定，由此评价活动效果。等级性评价，即学校按照社团等级考核评价标准（见表2-11）评分，依据分值对社团进行等级评定。多维度的评价方式，激励社团活动的组织教师抓

好工作的开展和活动的落实。

表 2-11　万科高尔夫小学社团等级考核评价标准

评价维度	评价内容	分值
主题与内容（2分）	主题鲜明，立意新颖，表现形式恰当、活泼。节目编创有新意	1分
	内容积极向上，能展现小学生特长	1分
过程与作品（5分）	演唱：吐音清晰，节奏恰当，声音优美动人	1分
	舞蹈：动作到位，舒展优美，表情丰富，与表演的题材相协调	1分
	绘画：内容积极健康，画面结构比例恰当，主题明确，中心内容突出，勾线自然	1分
	手工：构思新颖有创意，作品外观美观精致	1分
	体育游戏：教师组织合理有序，学生熟练掌握游戏的方法和规则，积极参与游戏	1分
	其他：根据本标准做相应评分	
作用与效果（3分）	展现社团魅力，体现社团特色	1分
	能够充分调动参与者的积极性，丰富同学们的课余生活	1分
	有较大影响力，活跃校园文化	1分

三、小班化课程文本资源挖掘——以“品德与生活”学科课程为例

新一轮的基础教育课程改革，促进了教师教学理念的转变和课堂上教学行为的深刻变革，让课堂焕发出勃勃生机，也较好地实现了教学相长。《义务教育品德与生活课程标准（2011年版）》（以下简称新课程标准）的出台，让我们更深刻地认识到“品德与生活”学科的综合性地位，也明确了课堂教学的方向。新课程标准中明确指出：“动手动脑、有创意地生活是儿童个性发展的内在需要，也是时代提出的要求。它旨在引导儿

童学会学习，发展认识能力、动手能力和创造性，利用自己的知识和聪明才智去探究或解决问题，让生活更丰富更美好，并在此过程中充分地展现并提升自己的智慧，享受创造带来的欢乐。”小班化课堂教学的优势在于能为学生提供更多的交流空间，提升互动频率；能充分挖掘好教材资源，创设学生喜闻乐见的学习情境，有效地促进学生自主、合作、探究学习，增强课堂教学的效应。

（一）遵循学科理念，引导学生大胆质疑，自主地学习

“品德与生活课程是一门以小学低年级儿童的生活为基础，以培养具有良好品德与行为习惯、乐于探究、热爱生活的儿童为目标的活动型综合课程。”新课程标准中明确指出了“品德与生活”学科课程的性质。“引导儿童热爱生活和学习做人是课程的核心”，“道德存在于儿童的生活中，德育离不开儿童的生活”是本课程重要的基本理念。在设计教学活动时，一定要遵循这些理念和儿童的成长规律。

如：我在执教鄂教版《品德与生活》二年级下册“我们生活的地方”主题单元之“好山好水好地方”一课时，充分运用上述的学科教学理念，激发学生的学习兴趣和质疑能力，引导学生自主地学习。

由于二年级的学生社会知识有限，我引导学生课前了解我们生活的地方的相关信息。在第三课时活动中，采取学生代表交流信息的方式，让其他学生更直观地了解家乡的各种风光和名胜古迹，然后引导学生把自己生活中了解的其他的风光和名胜古迹说出来。在该教学环节中，我设计了一个综合活动：让学生以小组为单位，用各种不同的方式介绍和展示自己最感兴趣的家乡的名胜古迹。这是对谈自我生活情境的拓展和升华。小组活动培养了学生的合作交流能力，增强了学生对信息的搜集和整理能力，任务单的学习方式，更提升了学生学习的自主性。

（二）依据学情特点，引导学生相互启发，合作地学习

新课程标准中提出，“教学必须以深入地了解儿童为基础”，“通过引导儿童主动参与各类活动来进行教学”，充分说明了教学要立足学情特点。新课程标准实施前，针对学生的疑难问题，多数是教师直接解疑。而新课程实施后，尤其是在小班化的教学情境下，是由教师带领学生共同关注，相互启发并合作解决。这促进了师生间的相互交流和生生间的互助，培养了学生的合作意识。

如：我在执教“好山好水好地方”一课时，针对低年级学生的特点，采用学生喜爱的语言和形式，增加教学活动的趣味性，收到了较好的教学效果。第一课时，我请来了“孙悟空”和同学们一起学习，用神话故事贯穿每个教学活动，让学生享受到学习带来的快乐。从了解家乡的自然风光到人文景观，再到名胜古迹，展现家乡的各种面貌，这些内容都来源于学生的生活，他们会从这些熟悉的场景中了解并认识自己的家乡，形成对家乡的热爱。在第二课时中，我通过引导学生观察图片和照片、读儿歌、说发现等活动形式让学生了解课本提供的农村和城市各种不同的自然风光，感受家乡的美。让学生课前搜集自己在家乡的美景中快乐玩耍的照片，在组内相互介绍照片中的景色，同小伙伴交流，分享快乐，由此激发学生内心的情感，培养学生对家乡美的表现能力。

（三）灵活运用教材，引导学生参与体验，探究地学习

“品德与生活”课程的教科书是教师引导学生开展活动的重要资源，也可视为帮助教师正确理解课程教学特点的案例。活动性原则是“品德与生活”学科教学中重要的教学原则之一，其学科教材也充分体现了“活动型”课程的特点，内容的选择和呈现突出活动性，有利于教师和学生采用活动型的教与学方式。开放的课堂重视学生实质性地参与教学过程。

因此，我们在教学时，要注意将活动的过程、方法、技能与知识融合起来，而不是仅仅罗列知识或事实，要发挥实践探究在联系学生思想与生活实际上的作用。

如：我在教学“做中学，我快乐”一课时，认真地研读了教材，厘清了该课教材内容间的关系及与该单元教学内容间的联系。在使用教材时，尽量避免照本宣科或生搬硬套，而是结合教学设计的实际，创造性地选择和利用适合的内容，生成适宜的活动，提高教学的实效性。

教材46页的三幅图画展现的是三位同学与老师和其他同学在动手实践活动中遇到的困难。我没有在课程开始时就使用这一素材，而是在学生亲自体验制作降落伞并成功试飞后再引入，引导学生在实践经验的基础上，运用自己的思考，帮助那三位同学解决困难。课中，我引导学生自主制作降落伞，并在小组内交流制作过程，指名学生代表接受教师（充当“记者”角色）的采访，让学生明确了制作降落伞在选择材料、试飞过程中不断优化的实践经验，再出示教材47页中小明制作降落伞过程的四幅画面，让学生更系统地分析制作降落伞时遇到的问题及其原因。学生在直接的反复的实践中积累经验，其经验再通过教材的引导得以提炼和升华，这一过程引导学生在做一做中学习，体会实践探索带来的乐趣。

灵活地处理和运用教材，体现了教材作为教学范本多重的教育价值，也为充分地挖掘教学资源提供可能。通过不断的教学实践，我充分认识到了有效运用教材资源及巧妙创设教学情境的教育价值。它让我们更好地促进学生在课堂上自主、合作、探究地参与学习全过程，努力做到课堂教学中的“五个百分百”；让教师关注到学生的精神成长和深层的态度、观念、思维方式、情绪情感发展的倾向，关注到学生的真实体验，关注到学生的好奇心与实践能力，特别是创造能力发展的倾向，以更好地促进学生的成长和全面发展。

第四节　各扬其美的班级

班级是教育和管理的基本单位，是学生在校学习和成长的家园。小班化为实施个性化管理提供了契机，在小班化的环境下，一方面，教师可以更频繁地与学生接触，更多地与学生交流，增加了对学生个体的关注；另一方面，学生也有更多的展现自己的机会，可以以主人翁的态度积极地参与到班级管理中来。班级是小班化建设的基本组织，我们可以通过班级管理建设班级文化，引导学生在参与中发展个性，在体验中彰显生命的精彩，各扬其美。

一、建设班级物质文化，营造温馨的环境氛围

班级文化是班集体凝聚力的重要载体，是小班化建设有个性、有生命活力的体现，而物质文化建设又是班级文化建设的基础和保障。因此，我特别注重开展班级文化建设的探索与实践，发挥环境育人的作用，以达成“随风潜入夜，润物细无声”的育人效果。

（一）班级物质文化的理念设计

学生是班级的主人，在班级物质文化建设过程中，班主任要充分发挥学生的主体性，调动学生积极参与到设计、制作的过程中来。

（二）班级物质文化的内容设计

和谐、整洁、明丽、温馨的班级环境，不仅能营造浓郁的班级文化氛围，还能使师生沉浸在文化的氛围中，达到陶冶情操之目的。学生经过充分讨论，确立具有特色的班级物质文化内容。如用绿色植物美化环

境，精心装饰每一面墙壁，改变课桌的摆放方式，等等。

（三）班级物质文化的更新

班级物质文化的建设一定要具有时效性，一劳永逸的物质文化建设，它的育人效果几乎为零。而且，小学阶段的孩子对物质环境的新鲜感是有时间限制的。即使是不能经常更换的内容，如班级公约、公益用语、班徽、班歌等，也需要经常重新装饰一下，让它们不断呈现活力。

二、建设班级制度文化，培养学生规则意识

学校充分发挥小班化试点学校的优势，在班级管理上着手规则意识的培养，通过班级制度文化的建设，使班级管理有章可循，实现班级管理的自主高效与创新。

（一）依校规拟定班级奋斗目标和班规班训

1.强化校规的学习。开学伊始，学校就强化学生对《万科高尔夫小学学生一日行为规范歌》《学生走路、说话、进餐、卫生、礼仪标准》等常规要求的学习，强化学生对《小学生守则》《中小学生行为规范》的学习，从细处着手，教会学生快速、及时地做卫生，教会学生整理抽屉、桌椅，包括餐布的使用、劳动工具的摆放等等，以此培养学生的规则意识。

2.确立班级奋斗目标，形成班规班训。在学习校纪校规的基础上，各班依据校规分别拟定了班级奋斗目标、班规班训（班级公约），由此凝聚班级成员的精气神，使班级的管理更加有序，使全体成员以更加饱满的热情投入班级的管理。以下是万科高尔夫小学五年级(1)班班规。

五年级（1）班温馨班规

为了促进全班同学德、智、体、美诸方面素质和谐发展，完善“学校管理与学生自我管理相结合”的德育管理办法，制定本班规。请同学们共同遵守、互相督促、共同进步，为把我们班建设成为一个优秀的班集体而努力！

第一部分：违规惩罚部分

1.每日准时有序地到校，并自觉佩戴红领巾，进入教室后不得喧哗。违反以上秩序者，扣除1颗星，并抄写《班规》第一部分以示警告和惩罚。违反多次者将累加此惩罚。

2.听到早操声时及时到教室外列队，并听从体育委员的安排。列队行走时保持安静有序，精神饱满。早操时跟随音乐节奏积极主动地做操。退场时听从体育老师的指挥，迅速有序地退场。违反以上秩序者，扣除1颗星，并跳绳3分钟或者做俯卧撑20个以示警告和惩罚。违反多次者将累加此惩罚。

3.上课铃声响时，迅速回归座位，并安静等待老师的到来。上课时，自觉遵守课堂纪律，听从老师的引导，认真上课并做好相应笔记，不得做与课堂无关的其他事情或扰乱课堂秩序。上课实行举手回答或提问方式。违反以上秩序者，扣除1颗星，并为班级地面洗澡1次以示警告和惩罚。违反多次者累加此惩罚。

4.课间眼保健操时应安静地坐在座位上跟随广播做操。捣乱或不认真做操者，扣除1颗星，并跳绳3分钟或者做俯卧撑20个以示警告和惩罚。违反多次者将累加此惩罚。

5.课间时尊重、团结同学，和睦相处，不出现讲粗话、打架、吵架、威胁其他同学等行为。违反以上规定者，扣除1颗星，并抄写《班规》第一部分以示警告和惩罚。违反多次者将累加此惩罚。

6.每一位同学应认真做好当日值日卫生打扫，按时保质完成自己的劳动任务(值日内容包括：把教室打扫干净、倒垃圾、保证拖把桶无水渍；保证每节课前黑板的干净、讲台的干净；保证打扫工具的整齐摆放；打扫干净后，要把各组的课桌椅摆放整齐。要求早自习前、中自习前、放学后10分钟内完成)，不完成者和完成不好者，扣除1颗星，并重做一天值日以示警告和惩罚。不随地扔垃圾、吐痰、扔粉笔或做其他破坏环境的行为。违反者，扣除1颗星，并为班级地面洗澡1次以示警告和惩罚。违反多次者将累加此惩罚。

7.放学后，须在2分钟内收拾好书包，并迅速到达教室门口按秩序排列队伍，在排队途中不得擅自离开队伍(值日生除外)。有特殊情况应向体育委员或班主任说明情况。未及时归入队伍者，扣除1颗星，并跳绳5分钟或者做俯卧撑20个。

8.每天必须按时完成老师布置的作业，未按时交作业或未及时补交作业者，一律当天补齐，并扣除1颗星，抄写《班规》第一部分以示警告和惩罚。多次未交者将直接与家长沟通。要保持作业本的整洁，不乱写乱画，不撕烂、弄脏本子。作业须有家长的签名方算完成。

9.课间活动大喊大叫或者在走廊上奔跑者，扣除2颗星，并抄写《班规》第一部分以示警告和惩罚。违反多次者将累加此惩罚。

10.破坏公物(包括桌椅板凳、门窗、扫把、地铲、电扇、水龙头等一切教室里的物品)一律照价双倍赔偿损失。违反多次者将累加此惩罚。

11.带玩具、漫画、零食等到教室或在教室内玩玩具、看漫画、吃零食者，没收玩具、漫画、零食等，扣除1颗星，并为班级地面洗澡1次。屡教不改者将累加此惩罚。

第二部分：奖励部分

1.做好事，如拾金不昧、主动为有需要的同学或老师提供帮助等，经班主任核实，根据具体情况加分。

2.考试成绩(含期中考、期末考和月考)单科年级前3名，分别奖励1颗星，进步者加1颗星。

3.连续一个月都能按时完成作业者加1颗星。连续一个星期语、数、英三门都得A＋者加2颗星。

4.在各级各类比赛中获得荣誉者，市级比赛奖励5颗星，区级比赛奖励2颗星，校级比赛奖励1颗星。

5.积极参加班级或学校举办的科技文娱活动者加1颗星。

6.连续一个月无违纪行为者加1颗星。

7.积极参与班中事务，帮助班干部进行班级管理、出黑板报等，经班主任核实，加2颗星。

8.积极参与班中事务的监督与管理，监督举报班中不良现象，经证实，可酌情加1颗星。

9.习作获得甲＋的，奖励1颗星。

10.以上没有涉及的优秀行为等，可根据具体情况奖励。

注：(1)希望各位同学认真执行以上规范，否则后果自负。同时，全班每位同学都有监督的权利。

(2)班干部要带头认真遵守本班的班规，严格要求自己的一言一行，如违反班规，一律按规定的2倍处罚。

(3)此规定同时为个人和小组积分，当月星星最多的组别将获得美食一份，学期末星星最多的组别将奖励学习用品一份。个人累计积分作为推荐校级各类荣誉的重要条件之一，最高分者还将获得学习用品一份。

让集体因为有了我而光荣；让同学因为有了我而自豪；

让老师因为有了我而欣慰；让父母因为有了我而骄傲；

让世界因为有了我而美好。

班级成员签名：

3.完善管理和考评机制。校级层面通过行政巡堂、值日生检查、班级抽查，依据班主任工作细则和考评方案、班级常规考核表加强对班级常规的检查和监督，并采取每天一检查、每周一反馈、每月一总结、不定期抽查的方式，在“创星争优我先行，雅行四季树典范”公示栏进行优、良、中、差的公示，每周进行卫生、纪律、两操、路队流动红旗的评比，激发学生的集体荣誉感，同时发现常规管理的亮点和不足，及时地予以提醒和改进。班级层面则通过晨会和专题课，由班干部或老师进行班规班训执行情况的反馈和评比。

（二）形成多样化的班规落实策略

1.民主制定规则。在实施学生自主管理的过程中，各项规章制度的制定与不断完善非常重要。学校充分尊重学生主体性，让各班班主任与学生共同制定班规班纪。另外，任何规定都不可能完美，也不可能一成不变，需要经过实践检验并且随着时代的进步而不断改进、完善，使其更加科学、更加可行。作为制度的制定者和实施者，决不能有一劳永逸的思想，要结合实际情况不断研究、不断分析、不断改进、不断创新，逐渐完善各种规章制度，做到与时俱进。

2.学习规则，树立规则意识。班规落实的前提是学习，学习班规前，要先学习校规校纪,将校规校纪熟记于心。教师可以通过案例和讲故事的方式帮助学生形成正确的规则意识,并明白遵守规则的意义所在。规则意识要从小培养,一入学就培养。

3.定岗定责。首先,学生自主选择班干部岗位竞争上岗,让学生进行民主投票。班干部选出来后,班主任把他们召集起来,对他们的职责做出明确的规定,并指导管理及相互合作的方法。

4.评价跟进。学生参与班级的自主管理活动后,班主任可采取一些评价机制和奖励办法,强化他们的管理行为。运用多种形式在实践中反馈评价,如管理成果公布、管理情况及经验交流等,通过反馈维持学生群体的积极行为。

三、建设班级精神文化，发展学生个性特色

班级精神文化,是班级文化的核心内容,主要指在实践过程中形成的被班级大多数成员认可的共同的文化观念、价值观念、生活信念等意识形态,它是一个班级的本质、个性和精神面貌的集中反映。学校通过抓住学生个性特长的发展,探索出了班级精神文化建设的操作策略。

(一) 确立班级奋斗目标，引导精、气、神

学习有了目标,方向更明确,才能少走弯路。班级有了目标,大家的劲头就会更足,劲也会往一处使,班级就更有凝聚力。学校要求各班首先从班级现状着手进行分析,然后根据班级实际共同制定奋斗目标,在班级内树立起强大的精神支柱。

(二) 努力营造健康向上的班级舆论氛围，凝聚精、气、神

班集体的舆论是班级成员观念、态度的集中体现,是班级深层次的精神文化。班集体的成长离不开健康的班集体舆论。健康的班级舆论,

是指班级里的大多数人的正确意见，为集体起“扶正祛邪”的作用。生活在具有健康班级舆论的集体中的学生会感到温馨与舒适，能够获取积极向上的力量。

（三）从培养兴趣、爱好入手，展现精、气、神

因为班级人数少，每一个学生的兴趣和爱好都有培养和发展的机会。学校要求每个班级从培养每个学生的兴趣和爱好入手，做到人人有发展，人人有特色。

（四）运用班级特色项目推进，发展精、气、神

小班化试点学校的优势在于学生人数少，班主任可以充分借助特色项目的推进，使学生在项目推进过程中心往一处想，劲往一处使，增强团队凝聚力，形成自主向上、博学明理的班级精神文化。万科高尔夫小学有16个教学班，班班有特色，有的班是口风琴，有的班是管乐，有的班是合唱，有的班是舞蹈，有的班是诵读等等。在特色项目的推进过程中，学生的班级荣誉感明显增强，都不甘于落后，在班级的训练过程中如此，在学校的展示过程中更是当仁不让，强烈的集体荣誉感让我们感受到的是学生蓬勃向上的朝气和力量。

表2-12展示了万科高尔夫小学部分班级的精神文化内容。

表2-12　万科高尔夫小学部分班级的精神文化内容

班 级	教育格言	班级奋斗目标
一（1）	教育是培养天天进步的人	我学习，我快乐，我健康，我成长
一（2）	用自己的行和自己的心去教育学生，用欣赏的眼光看学生，用宽容的心态面对学生	关心他人，热爱集体，用心学习，诚心做人

续表

班级	教育格言	班级奋斗目标
一（3）	我们是平凡的，但通过努力，我们就可以杰出	每天有序一点，我们就更接近文明。每天多做一点，我们就更接近成功。每天进步一点，我们就更接近快乐
二（1）	每个梦想都应该被灌溉，每个孩子都值得被宠爱	用进取书写成长，用快乐记录时光
二（2）	把机会让给学生，把精彩留给学生，把掌声送给学生，把爱心献给学生，把希望带给学生	快乐学习，快乐成长
二（3）	倾听、理解、信任、激励是教育的关键词	快乐学习，享受成长
三（1）	爱生如子，用心爱护每一位学生	积极进取，团结互助，超越自我，创造佳绩
四（1）	求真尚美，励志笃行	博观约取，厚积薄发
五（1）	让每一个孩子在学习中收获快乐与知识	学会做人、学会求知、学会生活、学会运动、学会创造，做一个爱祖国、爱武汉、爱高尔夫小学、爱父母、爱老师、爱班级的好学生
六（1）	让每一个学生在学校里抬起头来走路	形成“竞争，进取，安静，上进”的班风

四、建设班级活动文化，丰富学生实践体验

班级活动是儿童教育活动中的重要组成部分。通过班级活动来教育学生，是班主任工作行之有效的方法，也是促进学生全面发展和班集体建设的积极途径。

（一）开展“雅行四季”德育系列活动，让学生在四季的变化中体验成长的快乐

在学校体验式德育模式的指引下，德育室组织“雅行四季”德育系列活动，各班积极参与，营造出了良好的活动氛围。

1.“春之声”系列活动。开展了学雷锋活动、“三八”妇女节感恩活动、经典诵读比赛、“大手拉小手”徒步亲子操比赛、“热爱家乡”春游活动及“我们的节日·清明”系列活动等。

2.“夏之色”系列活动。开展了社区献技艺展示特长活动、大队委换届选举活动、防震演练、“绚丽民族风 多彩中国梦”“六一”游园活动、双百场进校园活动、毕业文化节活动、“戏曲进校园”活动等。

3.“秋之韵”系列活动。开展开学文化节活动、开学第一课活动、“推普周”活动、科技周活动、建队日主题活动、消防疏散演练活动等。

4.“冬之梦”系列活动。开展“科学先生进校园”活动、学生干部培训活动、“学宪法讲宪法”系列活动、“三跳比赛”活动、体操比赛活动、童话节活动、英语节活动等。

（二）开展特色班级活动，让学生在活动中增强学习兴趣，提升幸福指数

1.班级活动为学生思想品德的形成提供了实践的机会、条件，使学生树立远大理想，通过加强组织纪律性，并靠实践来运用、检验和巩固，使学生完成从知到行的过渡。具有思想性、纪律性是班级活动的主要目标。只有针对不同学段学生的特点开展活动，才能较好地达成目标。如在三月学雷锋活动中，低年级采用爷爷奶奶、爸爸妈妈“三代人”同讲雷锋故事的形式，高年级则用辩论、演讲的方式，回答新时代要不要学雷锋、如何学雷锋的问题。

2.班级活动能使学生的学习兴趣增强、学习机会增多，有助于学生智能的发展、能力的提高。班级活动必须注重趣味性，必须让学生在趣味参与中成长。如在阅读活动中，我们开展了阅读接龙与阅读马拉松比赛活动，持续推进学生阅读的深入开展，收到特别好的效果。

3.班级活动有助于增强学生的体质，增进其身心健康。体力游戏和运动性活动是班级活动中的一类，这类活动不仅能使学生动脑动口，而且动脚动手，整个身心处于紧张热烈又轻松愉快的状态，如班级开展的边走边唱、抓头羊、跳绳等特色活动。经常开展这样的活动，既能使学生学到体育运动的技巧、技能，又能增强学生的体能和心理素质。

4.班级活动有助于美育的实施，陶冶学生美的情趣。爱美、求美是人的天性，是人们生活中不可缺少的精神追求，也是儿童基本的心理要求。儿童如果能长期受到美的感染、美的熏陶，就能使他们的精神世界得到充实，继而提高艺术鉴赏和艺术创造的能力。学校不仅定期举办学生书画作品展活动，还把优秀作品裱起来，装饰楼梯、走道等，同时明确要求各班在班级文化建设上突出学生方式与儿童情趣。

5.班级活动有助于对学生进行劳动教育，培养学生良好的劳动习惯。万科高尔夫小学的学生家庭条件普遍较为优越，学生在家中较少进行家务劳动。很多学生连最基本的劳动技能都没有学会，不会握扫把，不会拖地，甚至不会拧抹布。课桌也是一团乱，饭盒、水杯、学习用品常常东一个，西一个，课桌内更是杂乱无序。班集体开展丰富多彩的班级活动，对提高学生动手能力、培养学生的劳动习惯起到了积极的作用。

五、构建家长委员会运行体系，形成班级育人合力

学校家长委员会（以下简称家委会）以畅通家校联系渠道为目标，以“生命教育”服务品牌为依托，积极协调学校教育与家庭教育的关系，在

构建和谐教育环境、建设现代学校制度、改革教育督导评价机制等方面做了大量有益的尝试，为学校与家庭营造了和谐共赢的育人氛围。

（一）强化组织管理，完善家委会体系建设

家委会对增进家庭和学校间的信息传递、整合家庭和学校教育资源、形成教育合力起到了巨大的促进作用。万科高尔夫小学重视加强家委会的组织建设，以完善的体系建设促进家委会工作的顺利开展。一是构建两级工作网络，实行分层管理；二是细化管理制度，做到有章可循；三是构建评价体系，积极履行职责。

（二）加强沟通交流，推进家委会科学运行

秉承家委会建会宗旨，学校坚持家校沟通与合作，让家长充分参与学校管理，有效保障家长对学校教育教学工作的知情权、评议权、参与权和监督权。学校通过多种形式的活动有效地推进了家委会的科学运行，完善学校、家庭、社会三位一体的教育体系。家委会的活动主要包括：一是进行主题交流，实施网络沟通；二是走进开放课堂，了解教学信息；三是监督校务公开，注重调查反馈；四是参加校园活动，共享和谐氛围；五是积极献计献策，共谋学校发展。

（三）创新工作模式，依托家委会提升教育合力

家委会具有协助学校开展家庭教育工作的义务，学校积极依托家委会，搭建育人桥梁，共同做好家长科学家教知识的培训活动，增进家长对学校工作的理解和支持，促进家庭教育与学校教育协调一致。

1.开展新生入学家长培训。结合学校“雅行四季”活动，开展新生入学家长培训，聘请专家向新生家长传授幼小衔接的相关知识，更新家长的教育观念。

2.开展毕业文化节活动。对毕业班家长进行系列培训，指导家长关注青春期学生心理变化，为孩子小升初的心理健康提供有力保障。

3.开展优秀家长评选活动。家委会定期组织家长们进行教育心得的交流，探讨家庭教育的好方法，共同商讨制定书香家庭评选标准，带动全体家长参与到书香家庭创建中。

学校通过班级家委会的建设，有效地促进了家校沟通，积极探索完善工作方法，充分发挥家委会成员的辐射作用和影响力，与家长形成合力，促进学校、家庭教育的和谐发展，为打造各扬其美的班级创造了条件。

第五节　促进发展的评价

教育评价是小班化教学实践的指挥棒。近年来，随着国家《深化新时代教育评价改革总体方案》《义务教育质量评价指南》等系列政策的出台，学校更加重视充分发挥教育评价的作用，确立科学的育人目标。小班化教学效果如何？是否能够激发学生的生命活力，促进学生个性成长？如何以评价促进学生全面发展？上述问题的回答是衡量小班化教学质量的本质要求。小学是“扣好人生第一粒扣子”的重要时期，德育是德智体美劳“五育”之首。随着时代的发展，以往的学生品德发展评价方式单一、评价过于主观、评价实效性不强等问题日益凸显。通过对校情、学情的充分研讨，我们以学生品德评价为重点，开展了小班化教学中学生品德评价探索与实践。

一、依托习惯养成教育，强化常规评价，促进学生品德发展

常规育人就是在日常的教育教学过程中，培养学生良好行为习惯的教育，它是小学品德教育的重要内容。教育工作者必须把常规育人作为重要工作来抓，也只有坚持不懈地教育、训练，再教育、再训练，才能促使学生早日养成良好的行为习惯，使他们能够健康地成长。

（一）熟知行规教育内容，为实施常规评价奠定基础

学生良好的行为习惯绝非生来就有，它要靠有意识地培养，持之以恒地训练，才能逐渐形成。教师必须让学生明白什么是良好的行为习惯，它包括哪些具体的内容，掌握《小学生守则》（以下简称《守则》）、《小学生日常行为规范》（以下简称《规范》）、《高尔夫小学校园一日常规》（以下简称《常规》）的具体内容对养成良好的行为习惯有何重要意义。教师只有认真组织学生学习，熟练背诵，才能让《守则》《规范》《常规》深入学生内心，也才能更好地组织实施教育，从而促使学生养成良好的行为习惯。

1.抓开学第一天的常规学习。每学期，学校要求每个班主任利用开学前报名的时间组织学生认真学习《守则》《规范》《常规》，将学习和训练有机结合，保证开学第一天的正常秩序。开学典礼上，学校利用“开学动员”和大幅标语对“学规范，学做人”这一教育中心进行宣传，营造学习气氛，促使班主任和学生更加重视常规的学习，在开学第一天就步入正轨。

2.抓开学第一周的常规学习。班主任在第一周里要狠抓学生日常行为规范的学习和训练，通过讲、背、导、评等形式促使学生有个良好的开端。讲是班主任讲解《守则》《规范》《常规》的内容、意义，帮助学生理解其细则；背是学生在学习、理解的基础上熟背《守则》《规范》《常规》（低

年级学生对《规范》内容理解即可)，进一步掌握每一条内容；导是教师采取各种方法、形式，帮助学生理解并具体操作；评是班主任正确评价学生掌握的情况。

3.抓夕会课的常规学习。学校的夕会教育实行系列化，围绕每期、每月、每周的教育重点有步骤地进行，每周的周一是工作布置，周二是常规学习教育训练。学校的行政值周和班主任老师根据学生的情况，选择重点内容，同时结合时事进行训练。这样，学生对常规内容的掌握就会更加牢固。

4.抓学习情况的反馈。学生常规学习的情况如何，学校在开学第一周就进行严格的检查。每班安排一位教师到班上，随机抽几条内容，看学生的掌握情况，然后对班级开学时学习常规的情况进行综合评价，以此作为班主任工作的考核内容之一。这样，班主任对这一工作就十分重视，学生学习的效果也好，为后面的训练打下坚实的基础。

（二）强化落实系列训练，为实施常规评价铺平道路

对学生进行系统的常规教育后，要让学生真正掌握其内容并按照要求去做，形成良好的习惯，还需要我们对学生的行为进行长期的、严格的训练才行。对学生进行行为训练，不管是采用“先知后行”或“先行后知”，还是“从情入手，以情晓理，以情激行”，只要恰当，都是有效果的。我们训练时，重点要做好以下几点。

1.激发训练动机。正确的道德行为来源于正确的行为动机。教师通过列举事例、树立榜样、体察心情、创设情境、展开讨论等方法，让学生从道理上明白应该怎样做，为什么这样做，从感情上产生道德行为的意向，萌发正确的行为动机。如果是机械式的训练，缺乏动情晓理，必然造成学生知其然而不知其所以然，这样的训练下，学生不会自觉地养成好

习惯。所以，激发学生的行为动机是十分重要的一个环节。

2.提出具体要求。在进行行为训练时，对于练什么、怎样练、训练中要注意什么等，应提出明确、具体的要求。如：排队集合，要求学生做到快、静、齐、轻，听从指挥，不稀不密；路队，要求学生做到不稀不密，不快不慢，走成一线，保持安静……总之，学校在晨读、课前准备、上课、课间活动、两操、校园行走、午餐、排队集合、路队、对待学校公物等方面都提出了明确、具体的要求。学生明确了要求后，才会按要求去做，行为的训练才有实效。

3.指导行为训练。学生明确要求后，并不等于就能照着这样去做了，要求要转化为行动，还需要教师对其进行有计划、有步骤的训练。训练的内容就是《守则》《规范》《常规》等，其中重点是学校的《常规》；训练的时间可选择朝会、队会、品德课等；训练的形式可分班级、年级、年段或全校进行；训练的方法有示范法、练习法、交流法、竞赛法、情境法、评议法、实践法等。训练时，根据训练内容选取恰当的方法进行，这样才能达到训练效果。如：每天晨检时敬礼、问好等的训练可采取示范法进行；全校性排队集合(升旗仪式、做操、路队等)的训练可用练习法进行；校园行走则可以采用实践法进行……只有结合多种方法训练，才能达到最佳效果。

4.给予正确评价。行为训练不但要有指导，还应该有及时的检查。每过一个阶段，就要对学生的行为情况进行检查，给予一定的评价。对行为要求掌握好或者进步较快的学生，我们一般通过红领巾广播站、橱窗、集会、升旗仪式等进行表扬。与此同时，对不规范的行为要进行及时的指正，并进行反复的训练。这样，才有利于学生良好行为习惯的养成。

（三）严格执行规章制度，为实施评价提供依据

先哲朱熹说："论先后，知为先，论轻重，行为重。"可见知与行是不可分的。学校将每学期开学的第一周定为常规养成教育宣传周，掀起学习《守则》《规范》《常规》的高潮。学校还制定了一系列的规章制度，如一日常规检查制度、升旗制度、红领巾监督岗制度、路队制度、校园普通话制度、奖励制度等，用这些制度来促使学生养成良好的行为习惯。同时，各班根据班级的特点，增补制定适合本班的班规。

以小组为单位组织学生联系实际进行认真的学习、讨论。对学生进行文明礼仪、常规养成教育时，注重让学生明确怎么做，为什么要这样做，以及如何去做。尽管培养良好的行为习惯是一个长期的过程，不能寄希望于开学的第一周、第一个月做好宣传教育活动就一劳永逸，但毕竟通过开学初扎扎实实的养成教育，可使学生知道、熟悉校纪班规，再经过扎扎实实的训练，辅以各种奖励机制，多数学生能够逐渐由"他律"发展为"自律"，渐渐地养成良好的行为习惯。

日最美行为照片播放、周文明礼仪之星、文明礼仪展示竞赛、"我与同学比规范"等活动，以可见的评价方式促使学生很好地养成了文明礼仪习惯。

（四）丰富激励机制体系，为实施评价拓宽渠道

行为评价对学生良好行为习惯的教育起着重要的导向和监督作用。我们制定了"万科高尔夫小学学生良好行为习惯评价体系"。评价体系分为低年级、中年级、高年级三个板块，各由学校评价、家庭评价、机动指标三部分内容组成。学校层面从爱祖国、勤学习、守纪律、礼貌待人、勤劳节俭、尊敬师长、健康安全等方面进行评价；家庭层面从自理能力、完成作业、接受教育、活动安全、心理健康等方面进行评价；机动部分从学

校、家庭部分中没有涉及的内容进行评价。两周一评，评价的形式分为“自评—组评—师评”和“自评—家评”两种，对突出优良行为加分，对突出不良行为减分，最后统计出总分，根据总分划分等级，对优秀、良好的学生分别给予金星、银星奖励，对合格、不合格的学生进行教育，以帮助他们尽快改正不良行为习惯。评价体系中还设计了家长意见和教师意见，用于加强学校与家庭的联系。由于建立了“三结合”教育网络，这种多元化评价得以实施，这种评价过程也是学生主动参与、自我反思、自我教育、自我发展的过程，是落实养成教育的重要途径。“牵一发而动全身”，学生养成了良好的行为习惯，其学习成绩会相应提高，班级的风气也会随之好转，继而有效地改善校风校貌，全面提高学生的综合素质。

二、依托实践活动平台，强化过程评价，促进学生品德发展

丰富多彩的德育活动能培养学生良好的道德品质，更能锻炼学生坚强的意志，使其养成良好的行为习惯。在“激扬生命，发展个性”办学理念的指导下，结合学校小班化教育教学的实际情况，为促进学生品德发展，学校开展了“武汉市万科高尔夫小学雅行四季”系列活动并以此为主题开展了一系列德育和少先队活动。

（一）遵循活动评价原则，关注评价侧重点

1.注重发展性评价。评价注重学生发展，关注学生情感态度、价值观的形成。考察学生是否积极主动地参与实践活动，是否能与同学进行交流和合作，是否具有参与活动的兴趣，重视了解学生思考问题的过程和对问题解决方法的选择。

2.注重综合评价。采用综合评价的方式，关注学生个体差异，实现评价指标的多元化。关注对综合素质的考查，如积极的学习态度、创新

精神、分析与解决问题的能力以及正确的人生观、价值观等。考察学生是否学会学习、学会生存、学会合作、学会做人等。

3.注重质性评价。科学开展质性评价，定性与定量相结合，实现评价方法的多样化。评价强调数据与实证，特别是关键事件、关键时间、关键场合，又基于数据与实证给学生画像，对学生进行质的分析与把握。质性评价与量化的评价结果整合应用有利于准确描述学生的发展状况。

4.注重自评与他评。让学生参与互动，不仅评价自己，也评价同学，自评与他评相结合，实现评价主体的多元化。让学生主动参与评价，由教师、学生、家长共同参与评价交互过程，在平等、民主的互动中关注学生发展需要，同时在相互沟通协商中，形成积极、友好、平等和民主的评价关系。

5.注重过程评价。在过程中评价学生，对过程进行全程式评价，记录过程中真实的学生情况。终结性评价与过程性评价相结合，实现评价重心的转移。关注过程，能及时了解学生在发展中遇到的问题、所做出的努力以及获得的进步；关注过程，能有效帮助学生形成积极的学习态度、科学的探究精神。

（二）丰富活动评价形式，实现评价多元化

“雅行四季”活动参与对象为1—6年级全校师生，如何将这些德育活动扎实有效地开展下去，评价机制很重要。学生处于不断发展变化的过程中，他们的发展需要目标，需要引导，需要激励。为了激励每一位学生的发展，学校德育处在每项活动开展中采取不同形式的评价，有个人的，也有团体的；有师生评，也有家长评；有短期的月评，也有长期的学期评。多元化评价广泛地调动了学生的积极性，进一步培养了学生的道德情感和意志品质等，让学生在活动中逐步养成良好的行为习惯。

1.学生评价。

评价内容：你是否一直对你参与的主题活动感兴趣；你是否参加过活动主题的选择；你搜集信息、资料的途径有哪些；你在活动中遇到的最大问题是什么；本次活动中你最感兴趣的是什么；你对活动成果是否满意；本次活动中，你发现了什么；活动中，你最大的收获是什么。

评价方式：每一个主题活动结束后，学生填写“综合实践活动记录与评价表”或用描述性语言对以上内容进行一次自评，完成后上交指导教师。

如在学校2015—2016学年上学期秋季开展的田径运动会（“秋之韵”系列活动），以及2015—2016学年下学期开展的“庆六一”游园活动（“夏之韵”系列活动）中，在开展活动之前，班主任教师除了对学生进行安全与卫生教育之外，还会要求学生在活动中用心体验与感受。在活动结束后，教师会结合活动（比赛）的评价细则，要求学生对照进行自评。教师通过学生交上来的自评内容，了解每一个学生在活动中的品德发展情况，结合学生在每一项活动过程中的实际表现，为学生的素质实践成绩打分定级。

2.教师评价。

评价内容：一是过程评价，如学生是否能积极主动地参与实践活动；学生对活动主题的兴趣是否持久；学生获取信息、资料的方式途径有哪些；他们如何选择、处理搜集的信息；小组成员能否进行有效的分工与合作；小组长的功能发挥得怎样；学生在活动中是否体现独创性，若有，独创性体现在何处。二是效果评价，如活动成果是否实现预期的目标；学生在活动中能力发展得怎么样；哪一方面的能力最为突出；学生的情感体验是否得到满足；满足程度怎么样；活动中有无“空白点”，若有，体现在何处，如何改善。

评价方式:每一个主题活动结束后,指导教师按照上述内容项目,对自己的指导情况和学生的活动情况进行一次评价,将评价意见写成书面材料。如每周大队部开展的班会课少先队活动中,每个中队辅导员自行组织班级中队员开展活动后,会根据学生反馈,对自己的指导情况和学生的活动情况进行一次评价,将评价意见写成书面材料。该评价会特别关注活动中的闪光点,关注学生情感态度及价值观的满足等方面,对学生品德发展做出评价。

3.家长评价。

评价内容:主题选择是否恰当;活动设计是否科学;活动组织是否周密;活动形式是否适合参加活动儿童的特点;活动效果如何;是否达到预期目标。

评价方式:与组织活动的教师(或教师小组)共同反思活动过程,交流讨论。召开家长座谈会或书面征求家长意见。

自建校以来,学校便着力打造家校德育共同体。在多项活动中,家委会的成员对于学生的教育和学校的发展起到了不可小觑的作用。如“春之声”经典诵读歌唱比赛和“冬之舞”庆元旦活动,都会邀请家长志愿者参加,尤其是“金银湖湿地公园亲子体操比赛”不仅仅邀请了家长,还有社区的志愿者共同参与。学校定期召开的家委会上,教师们都会与家长共同反思活动过程,交流讨论,并以调查问卷的形式征求家长意见,家长们通过这种方式对学生在活动中的品德发展做出评价。

三、依托校本课程载体，强化特色评价，促进学生品德发展

（一）校本课程实施渗透品德教育，形成序列

学校立足自身,积极结合“激扬生命,发展个性”的办学理念、教师的个性特长和学生的兴趣认同等方面来进行校本课程开发与实施;贴近家

庭，获得课程实施的协助，做好与家庭、社区、社会的合作，形成了以品德课为基础，以形式多样的校本课程为拓展延伸，并把品德教育融入各个学科的生命教育课程体系。

学校按照一至六年级学生的成长需要，从学生的行为习惯、公民素养、人格品质、理想信念四个维度进行思考，把校本课程主题按照各年龄段学生的特点进行了设置。

一年级“我是文明守礼小学生”系列课程，主要用来帮助刚从幼儿园步入小学阶段的一年级学生了解小学生活，学会各种礼仪常识，养成良好的行为习惯，为后期的学习生活奠定良好的基础。

二年级“我是高小小主人”系列课程，主要用来帮助已经逐步适应小学阶段生活的二年级学生增强关心班级、热爱学校的情感，培养学生的主人翁精神和责任感。

三年级“我展我风采”系列课程，主要用来帮助进入中年段的学生学会正确认识自我，展示自我，完善自我，超越自我。

四年级“感恩的心”系列课程，主要用来唤起学生的感恩之心，让他们明白为什么要感恩，怎样感恩。

五年级“交往你我他”系列课程，主要帮助五年级的学生学会与他人交往，使学生的学习与生活更加愉快，精神更加昂扬，身心更加健康。

六年级“扬帆起航，追梦青春”系列课程，主要用来帮助六年级的学生树立正确的目标，培养他们不怕困难、努力奋斗、敢想敢冲的精神。

同时，学校在分年级开展校本课程的基础上，依据学校师资的优势，开办了美术、手工、舞蹈、合唱、游泳、篮球、小主持等社团，由学生根据自己的兴趣爱好自主选择参与，并充分借助家长的力量，聘请了家长志愿者来校开展特色课程教学。

（二）特色评价彰显生命教育，形成体系

在课程实施的过程之中，作为一所小班化教学实验校，万科高尔夫小学结合学校实际，对评价体系进行进一步的思考，对学生实行特色评价。

在学校生命教育课程体系的总体框架下，学校构建了多元评价体系，采用多元化、动态化、互动化的评价方式，收集学生发展过程中的信息，为学生提供可以选择的发展目标，提出具体的、有针对性的改进建议及措施，促进学生素质的提高以及教师观念和教学行为的转变。

学校的“星级学生评价体系”以《守则》《规范》《常规》以及学校课堂常规、课间活动、卫生安全等相关制度和规定为具体内容，对学生实施有效评价。引导学生在同学身上找亮点，在同学当中找榜样，在同学当中树典范，培养人格健全、雅行明礼、品学兼优、博才多艺的素质全面发展的学生。在重视学生个性品质培养的同时，唤醒学生对生活的热爱、对美的追求和对知识的渴求，引导学生做到兴趣广泛、全面发展、眼界开阔，成为博才多艺的复合型少年。

“星级学生评价体系”设立了学习之星、进步之星、礼仪之星、劳动之星、纪律之星、孝顺之星、艺术之星、运动之星、诚信之星、节俭之星、友爱之星、管理之星等。

• 学习之星

(1)学习目标明确、独立思考能力强，能很好地掌握各门学科的基础知识和基本技能，各科成绩在年级中均为优秀。

(2)在学科竞赛中成绩显著，获校级及以上的奖励。

• 进步之星

(1)学习态度端正，能够刻苦学习。

(2)入学以来,学习成绩在原有基础上有很大程度的提高。

•礼仪之星

(1)严格遵守《新时代公民道德建设实施纲要》和《守则》《规范》等相关要求。

(2)认真学习雷锋精神和事迹,积极主动为班级为学校做好事。

•劳动之星

(1)讲究个人、集体卫生,手脸干净,衣着整洁。认真值日,积极参加学校组织的劳动、卫生活动且能起带头模范作用。

(2)在家能帮助父母做简单的家务活。

•纪律之星

(1)能模范遵守《规范》,思想品德良好,学习态度端正。

(2)能遵守学校各项规章制度,不骂人,不打架,不搬弄是非。

(3)参加各项活动均能遵守纪律,表现突出。

•孝顺之星

(1)在家孝敬父母尊敬长辈,主动帮父母做事。

(2)在校尊敬老师,见了老师主动问好打招呼。

(3)在校爱护小同学,不欺负小同学且帮助小同学解决实际困难。

•艺术之星

(1)对书法、绘画、摄影等具有浓厚兴趣,并具备扎实的基本功。

(2)在学校及区级以上的教育行政主管部门及其机关处室组织的书画摄影比赛中获得奖励。

(3)具备文艺表演才能,在歌唱、舞蹈、小品、乐器演奏方面取得显著的成绩。

(4)在各级绘画竞赛中获奖。

• 运动之星

(1)经常参加体育锻炼，积极认真地上好每一节体育课。

(2)能在学校大型文体活动中积极参加各项竞赛。

(3)能带领、号召全班同学进行体质训练，比如课间游戏、大课间运动等，表现突出，能力出众。

• 诚信之星

诚实守信，带头遵守各项规范，事例典型，在同学中有着很好的示范作用。

• 节俭之星

(1)节约粮食，节约水电，在各方面都比较节俭，是同学们学习的榜样，在同学中有较强的正面影响。

(2)进餐不挑食，每一次都吃完，不浪费。

• 友爱之星

团结同学，对人热情，乐于帮助别人。

• 管理之星

担任大队委干部或班干部，具有较强的管理能力，工作积极主动，能起到带头引领作用，受到老师和同学的好评。

“星级评价”每学期进行一次，每个项目都有详细的评价细则，每条细则对应有相应的评价分数。“星级评价”坚持多元化评价，在量化过程的基础上，通过学生自评、班级积分评比、同学互评、家长参评、任课教师参评、班主任总评、学校复核等方式，评选出班级星级学生和学校星级学生。对于最终获得校园之星荣誉称号的学生，学校在表彰大会上为他们隆重颁奖并且在学校“校园之星”专栏中刊登其照片，在校门口电子屏进行动态介绍。

通过“星级评价”，各班的星级学生成为其他学生心中的偶像和榜样，从而在全校形成了崇尚先进、学习先进、争当先进的良好氛围。多元化评价让每个学生都收获了自信。

小杰（化名）刚入校的时候，由于性格内向、学习成绩一直上不去，自信心受到很大影响，但是学校开展的“星级评价”改变了他的状态。由于体育特长突出，他被评为班级的“运动之星”和学校的“健康之星”，还竞选上了班级的体育委员，不仅能力提高了，而且学习成绩也逐步上升，脸上洋溢着满足的笑容。

在“星级评价”榜样带动的作用下，学生有了进一步努力、前进的目标，更多的学生发现了自己的闪光点，找到了成长中的自信。该评价体系对学生进行多方面的正面引导，帮助学生树立自信心，使学生生动、活泼、健康、主动、全面发展。小杰只是学校实施“星级学生评价体系”后出现的一个例子，还有许许多多像他一样的学生在感受着多元化评价带来的自信和快乐。

除了“星级评价”，更令学生开心的要数用积分兑换心仪的奖品了。在多元化评价体系之中，学校把班级学生评比、班级评比都按照细则进行积分量化，分为小组积分和个人积分，学生的常规表现、德育活动中的表现等均计入积分，每周一汇总，每月一评比，班级进行积分兑奖，最后再由大队部根据班级积分进行班级评比。每个班级建立了班级评价档案，每个学生都有自己的评价卡，上面除了个人简介外，还有自己的学期目标等。

基于校情和学情分析的品德发展评价实践，能够把学生视为一个不断生成、全面发展的主体，对培养学生的道德核心素养、为学生成长打好生命底色有着积极的作用。

第六节　我的儿童生命观在小班化教学实践中形成

在小班化教学实践过程中，我不断地思考与追问：儿童到底是一种什么样的生命存在？什么样的生活才是儿童生活？儿童的生命体验有什么特性？什么是儿童立场？如何坚持儿童立场？……我一方面带着这些思考与追问，开展我们的实践研究工作，另一方面也在思考、追问与实践中，不断找寻答案，不断明晰观点、理念，不断地升级我对儿童生命的认知，逐渐形成了我的儿童生命观。

儿童生命是整体的。著名教育家陈鹤琴先生说："我们知道幼稚期（自出生至7岁）是人生最重要的一个时期，什么习惯、言语、技能、思想、态度、情绪，都要在此时期打一个基础，若基础打得不稳固，那健全的人格就不容易形成了。"①这里的"健全的人格"，就是整体性人格，也就是整体生命。正在生长的儿童，是幼稚的，对世界的认知是模糊的，但他们对世界的好奇一定是对全部世界的好奇，他们也一定是用他们生命所有感觉器官与认知方式、认知能力去感知整个世界。正如学者刘铁芳所说："儿童的好奇，他的探索，他的涂鸦，他的绘画，他的幻想、梦想，他的游戏，他的言说，他对世界的童话般、神话般的理解与把握，他以自己的五官、肢体、躯体对世界接触、感知、互动，从而全方位地把握世界。"②

着眼儿童生命整体发展的教育，一定是德智体美劳全面发展的教育，一定是综合素养全面提高的教育，一定是身心和谐健康发展的教育，

①陈鹤琴．家庭教育[M]．武汉：长江文艺出版社，2021：自序8．

②刘铁芳．论儿童的哲学与儿童哲学课[J]．苏州大学学报（教育科学版），2019（3）：51-59．

而不是片面的、割裂的教育，也不是培优尖的教育，更不是分数的、竞赛的教育。作为整体存在的儿童，其道德、心灵、精神等是不可分割的。用哲学家康德的话来说，教育是为了“均衡且合目的地发展人之一切禀赋”，从而实现人之为人的本质属性。儿童生命的整体性发展不是一个孤立的、静态的过程，而是一个有机的、动态的、系统的生成过程。儿童应该过健康身心、和谐交往、有爱、真实开放的教育生活。学者刘铁芳在《追寻生命的整全：个体成人的教育哲学阐释》中提出：健康的身心让儿童拥有充沛的精力与活力；和谐的交往让儿童活在爱的交往之中，并在爱中活出生命的和谐与秩序；充实的活动让儿童向着世界尽可能地敞开自我心智世界。这样的教育，才是儿童生命整全的教育，才是生命整全成长的教育。①

儿童生命是独立的。儿童是一个独立的人，不是依附于父母的人，更不是依附于教师的人。每一个儿童都是自己生命的主人，是自己生命的创造者与塑造者。只有承认儿童是一个独立的人，才承认了儿童所拥有的权利，才是尊重儿童，才是从儿童出发，才是坚持儿童立场。承认儿童所拥有的权利，是我们与儿童交往的前提与基础，是儿童教育必须遵守的最重要原则。从儿童出发，应该成为我们教育的基本原则。学校教育不是从校长、教师出发的，是校长、教师站在儿童的立场上，用专业去创造适合儿童的教育，而不是适合家长的教育、适合教师的教育。

儿童生命是独立的，还意味着每一个儿童的独特存在。生命是大自然最为神奇的创造，每一个生命都是独一无二的奇迹般存在，每一个儿童都是不同的神奇。生命因独特而弥足珍贵，儿童因独立而充满希望，

①刘铁芳．追寻生命的整全：个体成人的教育哲学阐释[M]．北京：高等教育出版社，2017．

代表着未来。正如世界上没有两片完全相同的树叶一样，世界上也没有两个完全相同的儿童。每一个儿童都是不可替代的，都是最好的自己，都将成长为最好的自己。

儿童生命的发展，是自主的、积极的发展，是自觉、自为、创造性的发展，是发挥自己生命潜能的发展，是张扬自己生命个性的发展。生命因超越自己而发展，因超越自己而幸福完整，而不是超过他人，更不是去战胜他人。学校教育要开发、发挥儿童生命的潜能，张扬儿童生命的个性，让每一个儿童在自我超越中，不断走向生命的幸福和完整。

儿童生命是美好的。儿童是纯洁的、天真的、美好的。儿童是一个未经雕琢未受污染的个体，没有虚假、狡诈、丑恶，没有精于心计、尔虞我诈、钩心斗角，虽然不够成熟，但是弥足珍贵。儿童身上不仅保存着人类最珍贵的品质，还寄寓着人们对未来最美好的期待。儿童的生活既是生活，也是玩耍，既是学习，也是成长。所以在这个时候，他们需要的是有健康节奏的生活状态，需要的是多样而充实的生命体验，或者说一切都在生活的过程当中，一切都在丰富的体验与实践中，一切都在美好当中。教育要带给儿童内在的丰富、美好与和谐，让儿童在美好的生活中，日积月累地形成对美的感知力，树立一个正确的、正向积极的美学观。一个积极的美学观或者一个向善的美学观，会给儿童带来爱，带来平衡，带来和谐，也会带来创造的力量。

儿童在与世界、与他人、与自己的交往与互动中，可以找到自我的平衡，找到团队的平衡，找到一个完整性的平衡，为他们带来和谐，展示出各美其美、美美与共的美好景象。

整体的、独立的、美好的儿童，应该过饱满的儿童生活，让儿童生命恰切地舒展，始终处在刚刚好的状态，既充分释放儿童的天性，又朝向积极的方向发展。

让儿童过饱满的生活，我们要以爱培育爱、以美培育美。以爱培育爱，让儿童荡漾在爱的海洋中，沐浴爱的阳光，感受爱的温暖与力量，享受爱的甜蜜与芳香，激活儿童生命的内在力量，让儿童自然地奋力生长。以美培育美，引导儿童感受美、体验美、欣赏美、创造美，让儿童生命在美中自然优雅舒展，增进儿童生命的和谐与秩序。

儿童是童话的、诗性的。童话的、诗性的儿童，是整体发展的，是自然独立的，是美好生长的，是充满未来期望与担当的。儿童时代是如诗如歌的时代，儿童教育是如诗如歌的教育。它春风荡漾，清泉流淌，草木茂长。如诗如歌的儿童教育，是儿童从容生长的教育，从容地展示儿童生命世界、儿童生活世界、儿童社会世界、儿童成长世界。如诗如歌的教育，让儿童朝向未来拔节生长，去担当未来。

第二章

我笃行：学校应是『绿水青山』

从事教育工作近30年来，我曾经无数次被问：教育到底是什么模样？学校到底是什么模样？我曾经回答过：“就是那样”“好的那样”“满意的模样”“儿童的模样”“美的模样”……如今，如果再有人问我“学校应该是什么样子的”，我会第一时间坚定地回答：“学校应是‘绿水青山’。”

学校应是“绿水青山”，就是指学校必须是美的、均衡的、和谐的、生态的，是美好的生态系统，是学生发展的“金山银山”。学校里的一切，构成一个美好生活的共同体、积极学习的共同体，是一个美好的生态园。要把学校建设成为美好的生态园，必须积极推进学校治理现代化。

推进学校治理现代化是新时代实现教育治理现代化的必然要求。《中国教育现代化 2035》提出要“推进教育治理体系和治理能力现代化”，其中学校要提高自主管理能力，完善治理结构。党的二十大报告进一步强调，要“基本实现国家治理体系和治理能力现代化”。在现代学校治理视域下，学校治理首先是一种价值治理，教育领导的价值立场，即校长的信念、理念与价值观应高于学校管理的知识与技术[①]。可以说，校长

①余凯．从“何以领导”到“为何领导”：新世纪以来西方教育领导理论研究的转向[J]．中小学管理，2014(12)：24-27.

卓越的文化领导能力和精神领导能力是建设优秀学校的必要条件，其价值选择深刻影响着学校的发展状态，决定着学校师生的生活质量，浸润着一所学校的精神底色。

学校治理不仅仅是“怎样领导”的技术和方法问题，更重要的是“以什么领导”的精神和价值问题。在武汉市东西湖区吴家山第一小学担任校长期间，我从实践中体会到现代学校要用美的标准进行学校治理。美好教育，呼唤学校的美好治理，在科学、民主、规范、高效、和谐的学校治理中坚定不移地走向美好。

第一节　让美丽花朵在心上开放

把学校建设成“绿水青山”，就是要让美丽花朵在心上开放。美丽花朵在心上开放，是儿童心灵丰盈，荡漾成一朵美丽的花朵。美丽花朵在心上开放，是教师始终把学生放在自己的心尖上，把学生当作自己心尖上最美丽的花朵；美丽花朵在心上开放，是每一个儿童都把其他儿童放在自己的心尖上，让儿童之间的友好交往与相互成就，成为彼此心中的花朵；美丽花朵在心上开放，是教师与学生彼此都把对方放在自己的心尖上，相互成全，让对方在自己的心尖上开出美丽花朵。

对于一所大规模的、历史悠久的学校来讲，要建设成为“绿水青山”，就是要不断地、深入地推进学校现代化建设与发展，重要的是科学地进行现代学校治理。通过现代学校治理，成为一个人文的、科学的、民主的学校，成为人人充分而自由发展的“绿水青山”。

在现代学校治理视域下，校长要坚持科学、民主、规范、高效、和谐的教育领导价值，在教育管理实践中做好价值担当，成就美的学校。学校管理的意义在于为学生创造美好的学校环境，引领学生矢志不移地奔向星辰大海，让学生自然、自觉、自如地学习。因此，学校管理不能虚、不能假、不能伪，而必须美。基于学校管理之真、管理之善、管理之直觉、管理之和谐，建立美的管理、治理机制，行美的管理、治理方式，抵美的管理、治理之彼岸，应该成为校长管理学校的追求与努力。

教育应该向美而生，校长应该也必须带领教师、家长与学生一起发现美、欣赏美、创造美。教育向美，就是美在日常，校长、教师的仪容形象、言谈举止、交往互动都是实现美的载体。美在日常始于校长、教师追慕美好，以自己的全部人格影响学生的精神成长，通过自我建设给学生高位引领。美在日常，就是美在生活，美在生命成长，以成就学生为旨归。校长、教师要积极主动地与学生一起建立正向、美好的师生关系。为此，我提出了全体师生家长共同营造“和谐、温暖、自主、积极、向上”的校园文化氛围；带领学校教职工制定、完善《吴家山第一小学学校章程》《吴家山第一小学奖励性绩效工资考核与分配方案》《吴家山第一小学教学质量形成过程管理方案》等管理规章制度，践行美的德育常规管理、教学常规管理、学习常规管理和活动组织管理，营造美的微观日常教育生态场。

一、强化德育常规管理，提升学生的人文素养

人文素养的外显就是日常的习惯，或者说人们通过观察一个人的言行举止，就可推测他的人文底蕴。习惯的养成教育是一个长期训练的过程，学生行为习惯的规范训练是学校德育最基本的工作内容。帮助学生在小学阶段形成规范行为的意识，可以为学生的思想道德教育奠定基础。

（一）加强班级管理，培养学生规范行为的意识

班级是组成学校的基本单位，也是对学生进行教育的基层组织，学生的行为规范教育是在班级管理中进行的。学校对班级的管理提出明确、具体的要求，制定了班主任一日常规工作制度。班主任则根据所带班级学生的年龄特征提出更细化的规范训练点，并采取相应的评价激励手段予以落实。学校对班级卫生、纪律、两操活动、文明礼仪等方面工作的落实，做到每日检查记录、每周评比发放流动红旗、每月总结评“月优胜班级”。另外，在每周班级专题教育总结会和学生集会上宣传各类规范的行为表现的典型，激励班级重视学生行为规范教育，促进学生养成规范行为的意识。

吴家山第一小学班主任一日常规工作制度

班主任要在履行教师职责和教学常规的同时，将学生安全管理放在日常管理的重要位置。开学前，通过与学生家长沟通，了解、掌握需要特殊关照的学生情况(残疾、先天性疾病等)。

(一)晨间

1.准时到校，不迟到；因病因事不能到校，必须提前请假并安排好替代教师。

2.督促班级值日生在早读前完成教室内外(包括包干区)卫生工作及检查，卫生工作不到位时责令值日生整改；督促值日生及时倾倒垃圾，整齐摆放卫生工具，保持教室卫生整洁。

3.督促学生及时上交各科作业，要求课代表在早读课开始前(或统

一在早读课后)将作业本收齐后交给任课老师;坚决制止学生早上做作业、对答案或抄作业等现象,对违反规定者及时做出教育和处理。

4.认真检查学生的着装和个人卫生,对不合规范的学生及时进行教育并纠正。

5.教育学生按时到校、坚持出勤。对迟到的学生及时询问原因并教育;对经常迟到的学生给予严肃的批评,并提出改进的建议;对屡教不改的迟到学生,应及时联系家长共同教育;对缺席的学生要及时联系家长,弄清原因,并要求家长补假条。对学生请假三天以上不能到校的情况应报备政教处、教务处。

(二)升旗

1.每周五放学前,提醒学生下周一穿校服、戴红领巾,规范着装,按时参加升国旗仪式。

2.升旗音乐响起,应到教室带领所有学生迅速列队,集合快、静、齐,组织学生下楼靠右行,做到安全有序;将学生带到指定集合地点。

3.指导学生升国旗时面向国旗,列队、肃立、脱帽、行队礼;唱国歌严肃认真,声音响亮;认真聆听国旗下讲话;值日或因事晚到学生在经过现场时,都应面对国旗,自觉肃立,升旗时归到本班学生队伍的最后面。待升旗完毕,再按要求组织学生有序回班。

4.学校组织各种活动时,班主任应提前进入班级进行组织,并与学生一起参加学校组织的各种活动。

(三)课间

1.班主任在课间应当经常到班级巡视检查,形成与学生一起进行课间活动的习惯。

2.指导学生进行文明、安全、有益的课间活动:不在教室和走廊喧哗、起哄、追逐;不随意乱扔、乱丢果皮纸屑等杂物;不随地吐痰、倒水;不跳摸班牌、门框；不触摸电气设备；更不能爬、坐护楼栏杆；不对同学做危险动作，不进行危险活动；同学之间要团结友爱，不讲粗言秽语，不骂人打架等。

3.指导学生遵守课间的文明礼仪：进出教室保持安静，靠右行走，不拥挤、推拉、逗弄，以免发生事故；遇到老师或来宾，主动问好，并请老师或来宾先行；课间与老师讨论问题时，要注意礼貌，尊重老师。

4.教育学生上体育、艺术、实验、兴趣活动等课应提前去所在地点，在上课铃响后，立即进入相应教室或场地，确保正常上课。

5.注意对学生进行用电安全的教育，明确禁止学生胡乱操作或私自维修教室里的电线、插座等；请学生爱护每一件公物，损坏的物品责成其监护人予以更换。

（四）用餐

1.引导在校用餐学生以组为单位列成一队，有序打饭，留出一侧通道供打完饭后通行；行走时不能疾走、奔跑，以免撞到他人。

2.叮嘱打好饭菜的学生不要边走边吃，归位后再进餐，不掉饭、不剩饭，爱惜粮食，文明进餐；用餐完毕，保持桌面、地面整洁；如有剩饭一定认真倒入餐桶中，并将使用后的餐具轻轻放置于餐盒中。

（五）午间

1.每天离岗前都要安排与生活教师的交接工作。

2.叮嘱学生中午不得随意出校门，因故需出校，必须得到班主任（或值班教师）的同意且有家长来接，并按学校规定填写外出单方可离校。

（六）两操（广播体操、眼保健操）

1.指导学生听到大课间的铃声就迅速、安静、整齐排队，安全有序地按规定顺序与路线到达指定位置。

2.做课间操时，班级队伍整齐，学生精神饱满，动作有力，合拍到位，不抢拍，不拖沓；广播操结束，有序带回。

3.回班时，指导学生做到队伍整齐、安静，靠右行走，尤其在楼梯口一定注意安全有序，不可推挤，避免伤害。

4.眼保健操音乐响起，要求学生闭目静心，跟着音乐节拍、找准穴位，按动作要领认真完成。

（七）课后

1.每日放学后，要求学生收拾物品，整理书包，摆放好桌椅，有序列队；带领学生出校门，要求所有学生按时离校，不在校园逗留。尤其是低年级，一定要将学生交给家长，对没按时对接的家长，应及时电话联系，确保学生离校前的安全。

2.事先排好班级清洁值日表，每天请学生按序值日，要求班级清洁值日生做到地面打扫干净、桌椅排放整齐、讲台收拾齐整、黑板擦拭干净、劳动工具摆放到指定位置、关闭电器和门窗。

3.双休或放假前，应在学生离校后回教室巡查，关闭电源、水源开关，确保安全无虞再离开。

4.休假期间，本着以学生为本的原则，对家长的求助应及时回应，消除他们在教育孩子上的困惑，尤其是特殊家庭的孩子，应多关注多关心，与家长共同致力于帮助学生成长，同时，主动接受并认真完成学校和上级部门临时安排的工作任务。

（八）学生评价

1.利用晨会、班会，对学生道德品质、行为习惯、纪律守信、方法创新等各方面进行及时评价，利用教室文化墙进行“学习星”“优秀好学生”等评价激励活动。

2.利用好《班主任工作手册》《学生素质发展报告手册》等，时时掌握学生的动态（心理、行为等），经常性地激励和引导学生养成良好的道德行为及学习生活自立自强的习惯。

3.注重对小干部、小助手的培养，充分利用学生干部的带头和管理作用，培养和锻炼全体学生对班级事务的关注度与参与度，培养学生自理自治的能力和习惯。

4.针对学生个性特征，做到因生施教、因生施评。评价方法采取适应学生心理特征的激励法、引导法、对比法、榜样法，通过评比树立身边典型，形成良好的班风。

5.班内建立展示园地，对学生采取“星级少年”“红旗小组”“比一比”“小红花”等不同形式的评价，展示学生进步，以激励学生向上、进取。

（二）搭建立体化教育网络，合力培养学生良好行为习惯

学生良好行为习惯的养成，需要全体教师和家长的通力配合、共同努力。因此，学校注重通过“学科教师联席会”和“家长学校”活动的形式，形成教育的合力。“学科教师联席会”由年级组长主持，教师共同学习《吴家山第一小学教学质量形成过程管理方案》中学生学习常规内容的细化评价标准和德育室对学生提出的规范训练内容，并查找学生在行为习惯上存在的不足，然后寻求相应的一致的训练方法，对学生实施相对统一的训练。这样，不同的教师在不同的课堂、不同的活动中采用一致的管理方式，会取得较好的教育效果。

“家长学校”活动让家长走进校园，真切感受学生的在校生活，共同探讨教育学生的有效方法，争取家长对学校教育方式方法的支持。教师和家长的训练要求一致，便于学生形成一定的习惯，内化为个人的修养。校长接待日、回访日的设定，拓宽了家校联系的渠道，对学校明晰办学思

路、提升管理水平起到了较好的促进作用。

加强家校间的有效联系，促进教育形成合力，对培养孩子良好的行为习惯起着十分重要的作用。孩子的习惯素养将伴随他终身，因此，学校要切实树立“立德树人”的教育意识，通过向内部使劲，抓好德育常规管理，同时向外部借力，搭建立体化教育网络，从而提升教育的力度和效度。

二、强化教学常规管理，提升教师的教学能力

教学常规是教师教学工作中应遵循的常态性规范。加强教师教学常规的管理是加强教学质量形成过程管理的重要方面，是提高教学有效性的重要保证。学校明确制度要求，建立健全备课、上课、课后辅导、作业批改、质量分析和讲评等环节的教学常规管理及常规量化考核制度，确保教学常规管理过程的连续、严谨、科学、规范。

（一）制订教学计划

教学计划是开展教学工作的指南，是教师有序、有效履行教学工作的前提和基础。教学计划包含学期教学计划和单元教学计划。学期教学计划的内容主要包括：教材分析（教学目标、教学要点、教材结构）、工作目标、教学措施、教学进度及相关活动安排等。单元教学计划的内容包括：教学内容、教材分析（教学目标、教学要点、教材结构）、学情分析、教学措施、课时安排及单元教学结束后的单元反思。

计划的内容应和区教研室、学校教学工作内容同步，同时要体现学科、年段个性化的工作内容。

每学期开学预备周内，教师应完成学期教学计划和第一单元教学计划，并根据本班教学实际和学情，及时调控计划的落实执行情况。

（二）完善备课方案

备课是教师实施课堂教学的首要环节，备好课是上好课的基础和关键。教师备课要把握学校生本教育理念的内涵，要体现出学校“激发兴趣—自主学习—合作提升—拓展延伸”的课堂教学模式，并依据学科或课型特点再构教学模式或教学环节。

备课包括集体备课和个人备课。

兼任学科可采用集体备课的形式。由担任相同任务的教师一起交流教学目标、教学要点、教学过程设计（必须包含教学时间分配、问题呈现形式、教与学方式、教学资源应用等主要要素）、可能的生成及应变的策略、练习及作业的设计等，（基本）形成共识后指派人员拟定教案，个人执教时进行修改。

个人备课方面，学校自2019年1月起陆续实施电子备课方案。符合条件的教师可向学校提出申请，经审批后可进行电子备课，具体做法如下。

吴家山第一小学电子备课实施方案（试行）

为切实加强我校教师对电子计算机常用软件及现代网络的学习和应用，切实消除以抄教案应付学校或上级主管部门检查的被动备课现状，让教师有更多的个性学习研究时间和空间，有更多的时间潜心研究教学，特试行实施电子备课。

一、电子备课推行思路

总体思路：教研组自主申报，试点先行，过程监控指导，逐步审核推行。

具体做法：2018—2019学年下学期，在教研组自主申报的基础上通过筛选确定4～5个教研组作为试点，启动电子备课。后期在总结经验的基础上逐步审核推行此项工作。

二、电子备课教师基本条件

1.电子备课教师必须具有基本网络及计算机操作技能，会编辑处理常用电子文档。

2.电子备课教案的撰写、下载及修改必须由电子备课教师本人亲自动手操作。

三、电子备课相关格式及要求

（一）格式

1.采用Word文档，A4纸，页面纵向设置。

2.第一段写清课题名称、教学时间(_月_日)、第_课时，第二段写明月总课时与学期总课时。接下来，分段写清教学目标、教学重点、教学难点、教学方法与教具准备等内容。

3.课题与正文一律用五号宋体字，课题加粗，正文段落调整为行距固定值：18磅。

（二）要求

1.符合电子备课条件的教师要向学校教导处提出书面申请，学校根据申请教师条件进行审核，确认条件符合后出具书面决定，该教师方可进行电子备课，撰写电子教案。

2.教师应提前备好一周的课，做好修改并打印出来，再填写完善相关空格（包括教学时间、第几课时、月总课时、学期总课时、批注与调整等）。备课内容不得少于一周，但也不能超出一个月。

3.教师应准备文件夹（每科一个），将所有教案统一规范放入文件夹中。文件夹中资料顺序为：吴家山第一小学学科电子备课封面、教师登记表、教学计划、电子教案正文。

4.教师必须认真参阅教案资料，并根据本班学生实情研读教材，探究教法，坚决杜绝照搬照抄。

5.教师对每个教案都要有个性化调整，教学反思不得少于三分之二，书写于教案之后，反思处要留下相应空白。每次反思不得低于200字，且要有感而发，不能无病呻吟。

6.为切实做好电子备课，避免备课内容不全、教学流程过于简单化以及备课和上课无联系的现象，学校将采取不定期检查或抽查等形式，重点检查教师的二次备课。教案批注或调整中没有手写的相关内容则视为不合格，学校将根据方案取消教师使用电子备课的资格，继续实行手写备课。

7.电子教案的撰写、下载及修订不能请人代替完成，必须本人亲自处理，否则将取消其电子备课资格。

为充分发挥教研组的教学流程管理作用，以问题为抓手，落实好单课时的集体备课，解决好教学重点、难点、疑点，教研组组长要对组内教师的教学设计进行周查，不但量要符合要求（即超周备课），而且要着重检查教师的设计过程是否体现教学理念和教学模式，是否有质疑问难的设计，有讨论交流的设计，有学生参与的设计，有课堂提问的设计，有课后教学反思，是否加强信息技术在教学中的运用与设计。学校教务处每月进行检查或抽查，发现问题及时调控。

（三）加强过程管理

学校研制“吴家山第一小学教学流程检查情况记录表”（见表3-1、表

3-2)，教学流程的周查由教研组监控。考研组组长的每次周查必须在组员的流程资料上留下痕迹(即签上组长的姓名、检查时间并盖章)，并在教研组常规工作记录本上做好记录。教务处落实好教学周查与月查、定期检查与不定期抽查工作，并通报交流检查结果。尤其要抓好每月的教育教学绩效考核、期中教学流程检查、各类教学研讨活动等，提倡教研活动中的“严”与“勤”，让规范成为教学活动的一种习惯。

表 3-1　吴家山第一小学教学流程检查情况记录表（教研组周查表）

组别：			时间：				教研组组长：			
序号	姓名	备课			单元计划	培优补差	听课笔记	自主阅读	教研记载	质量分析
		节数	反思	调整						
亮点：										

表 3-2　吴家山第一小学教学流程检查情况记录表（教务处月查记录表）

组别：								时间：																
姓名	教学计划		备课				课堂教学			作业辅导			单元检测			培优补差			教研活动			校本培训	上交资料	
	学科教学计划	单元计划	是否超周	备课质量	课后反思	兼任学科备课	设计调整	多媒体应用	按时按表上课	作业量（适量否）	批改	学生订正	按时完成	质量分析	是否达标	计划	过程性资料	成效	听课节次	评课质量	参加次数	理论学习	及时	质量
检查意见反馈：																								

（四）重视作业布置与批改

作业布置与批改是教师教学工作的重要组成部分。作业能有效“反刍”教学设计、“反刍”课堂效果，同时反映出学生的思维特点、学习习惯、学习成效，体现出个性差异。教师要加强作业设计的研究，力求做到“三布置三不布置”：不布置死记硬背、机械训练的作业，布置有启发性、思考性的作业；不布置重复的作业，布置有选择性、层次性的作业；不布置繁、难、偏、旧的作业，布置课外研究性作业。

教师批改作业要及时、认真，要有反馈。各学科课堂作业全批全改，语、数、外各学科家庭作业倡导全批全改，也允许采取不同形式的批阅，但教师至少要做到：每周全员批阅至少2次（即语文学科每周做到2次以上作业全批；数学学科单班全批2次，双班教师各班全员批阅1次；英语学科各班全员批阅1次），并对未全批全改的作业进行查阅，倡导对重点生、困难生面批面改。教师应指导学生对作业错误原因进行反思并及时更正。语、数、外各学科教师应引导学生用好错题本，教师自己也应建立错题本，对学生作业中出现的各种问题进行简单的登记，并进行分析、归纳，形成批改记录。

作业布置与批改具体要求如下：

(1)严格执行各级要求，减轻学生课业负担，根据学生实际布置作业（一、二年级不留家庭作业，三、四年级作业时间不超过30分钟，五、六年级作业时间不超过60分钟）。

(2)能按时、按量布置作业，语文每课一练，数学每天一练。

(3)有规范的作业格式，学生书写很工整，检查人中90%以上达到此要求。

(4)能及时规范地批改课堂作业。数学作业每天批改，语文在下次作业之前批改完毕。在作业结束处写上批改日期，在作业开始的右边批上等级。作文批改要有眉批、腰批和尾批，过程中应有批改的痕迹。

(5)语、数家庭作业需每天批改。语文可对当天的作业有针对性地查阅一项、两项或全部(或集体订正)。数学全批全改(或集体订正)，采取集体订正形式每月不能超过总数的1/3。

(6)培养学生养成及时订正的习惯，所有学生都能做到订正格式规范。

(7)变革作业布置与批改形式，积极使用“人人通”进行“课前导学”“课后作业”任务布置。

（五）落实学生辅导

辅导是建立在课堂教学、作业批改、教学测试基础上的，是对学生个性差异的关注和尊重，是教师责任心、工作态度的体现。培优补差是一项长期、常规的工作。教师要注意学生的个性差异，既要以理服人，又要以情感人，要满腔热情地关心学生。对待学习有障碍的学生，教师要尽心尽力给予帮助，认真分析，找出症结，对症下药，及时补救。对待学习轻松又渴望得到更多知识的学生，教师要满足其需求，使他们得到更大的发展。培优补差工作要做到“五落实”，即时间、地点、内容、人员、目标落实，从而达到预期的目标。

教师辅导学生的工作主要有以下几个方面：一是对学生非智力因素的关注和培养；二是对优生系列性的辅导；三是对困难生随时性的辅导；四是对有特长学生的专项辅导。

教师辅导学生必须要做到“三有”：有计划，有实施过程记载，有效果。根据学生实际有针对性地开展培优补差工作，学科教师还要做到“四有”，即“人人有队伍，队伍有梯队，训练有内容，竞赛有成绩”，夯实基础和提高训练并举，保证参与面和参与效度。

（六）做好教学质量检测与分析

教学质量检测的目的是反馈教与学的得失，掌握差异信息，然后采取措施，完善教学。所以，要用正确的态度组织和对待测试。

检测内容力求做到难易度、量的适中，测出实效。检测题要重思维，重能力，重开放性。要严肃测试纪律，实事求是，讲诚信，真实反映教与学的结果。

单元检测可以反馈阶段教与学的得失，便于教师在教学过程中进行矫正和完善。为保证单元检测的效度，学校要求教师尽量做到同年级同学科单元测试时间统一，及时做好质量分析和补救工作。

对于全校性的集中交叉检测，要求教师做到以下几个方面：一是关注学生的表现，注重检测点的环境布置和卫生；二是在规定的时间内到教务处领取检测题，到达检测点；三是认真监控检测过程，不做无关的事，有特殊情况及时与学校联系；四是督促学生按要求答题、填好个人信息，要求学生认真地检查、到时间上交检测题，检测结束后按顺序整理好检测题上交教务处；五是按要求参与集中的阅题和成绩登记工作。

学校坚持注重教学质量评价，抓好单元过关、期中抽测、期末测评三个环节，及时了解掌握质量信息，做到有效监控。学校坚持进一步完善教学质量检测监控力度，通过课堂教学的“减负增效”促进学校教学质量稳步上升。

三、强化学习常规管理，提升学生的学习能力

教学质量形成过程的管理包含“教师的教”和“学生的学”两个方面的管理。因此，除了加强教师的教学常规管理外，学校还重视学生的学

习常规管理。学习常规是学生在学习生活中应遵循的常态性规范。加强学生的学习常规管理，有利于指导和推动学生的学习，帮助学生掌握正确的学习方法，形成良好的学习习惯，提高学习的有效性，同时为终身学习奠定良好的基础。因此，我们在重视教师教学常规管理的同时，也要引导教师在教学过程中重视学生学习常规的管理。而依据学生年段及班级特点的不同，学生学习常规的管理在侧重点上也应有所区分。

（一）制订学习计划

学习计划是学生学习努力的方向，教师应在每学期初指导学生根据自己的特点制订合理的学习计划。低中段学生以“我的打算”的形式呈现学习计划，高段学生学习计划的拟订可更系统些。学习计划应重点体现课堂学习以外的活动安排的科学性和有效性，也应含有经过自身努力可以达到的目标。

（二）做好学习准备

预习是学生在师生共同学习之前研读所学教材，目的是更好地学习新课。教师要指导和训练学生掌握预习的方法，如：预习要通览学习内容，找出重难点；尝试完成书上的部分例题和练习题；收集课外学习资料，丰富学习资源；标示出不理解的地方，带着问题参与课堂学习并确定学习重点；要合理分配学科预习的时间，重点加强对薄弱学科的预习。教师要利用课外（内）时间对学生预习的情况进行检查，表扬鼓励预习工作做得较好的学生，并请他们交流自己好的做法，提供示范。

（三）参与课堂学习

课堂学习是学生获取知识的最主要的渠道，教师必须很好地组织教学，引导学生参与学习的全过程：上课前，要从知识上（通过预习完成）、物质上(准备好所需学习用品)、心理上(使大脑处于最佳功能状态)做好准备;按时进入教室,保持安静,不随便缺课。教师应引导学生在课堂学习中保持积极的状态,按教师的要求参与到学习中来,敢于质疑提问,敢于表述自己的观点;学会倾听别的同学的观点,在教师的安排下,学会与别的同学进行交流和开展合作;善于在文本上做批注。

(四) 进行课后复习

课后复习是新课学习后的巩固和知识内化的过程,应养成习惯。教师应引导学生学会复习:在复习时间的选择上应及时,尽可能减少遗忘;在复习内容的选择上,要注重要点,加深对重难点知识的把握和理解;在复习方式的选择上,应注重关联性,把学过的同类知识进行关联、整合,做到融会贯通;要学会整章(单元)的复习,学会构建知识体系,掌握核心内容,总结方法技能,达到目标要求。

(五) 完成作业练习

写作业是掌握、运用所学知识的过程,必须按时、独立、工整、完整、规范(符合学科规范)地完成。教师应引导学生养成良好的作业习惯:先复习后写作业,并认真审题,仔细检查;对于作业错误应认真反思原因并及时订正;建立错题本并经常复习;积极完成非书面型、实践(验)型、探究型的作业。鼓励学生完成更高层次的作业要求,即根据学习内容自主布置相应的作业并努力完成,经过个人努力还不能完成应虚心向他人请教。

(六) 接受学习检测

教师要引导学生正确面对学习检测:调整好心态,做好检测前的各项准备工作;答题时运用一定的方法和技巧;最后认真地检查答案。

（七）进行自我评价

一个阶段（一周、一月等）或学期结束后，教师应引导学生及时反思自己的学习生活（学习态度、学习方法、学习收获等），在此基础上，指导学生完成自己的“学习成长小结”，形成自己的“成长记录档案”。

四、强化活动组织管理，引导学生个性发展

学生管理的实践经验告诉我们，学生喜欢参加丰富多彩的实践活动。形式多样的活动，能调动学生的积极性和激发学生积极的情感，能有效地对学生进行专题教育。

（一）抓好特色活动

足球、行进管乐、“悦读”是吴家山第一小学三大特色活动项目。班级（年级）足球联赛，既能提升学生的运动技能和锻炼学生的体质，又可以培养学生的团队精神。行进管乐的周常规训练和寒暑假的集中冬、夏令营，都带给学生学习的乐趣和自信。学校“全国阅读点灯人”将“悦读”项目不断深化，亲子阅读、班级图书角阅读等活动的开展，深得师生和家长的喜爱。学校还在校本课程实施过程中不断探索新的特色活动项目，篮球也逐步朝着特色化项目迈进，进一步促进了学生运动技能的形成，彰显了学校的办学特色。

（二）开展好节日纪念日活动

学校开展了丰富的节日、纪念日活动，通过活动丰富学生的体验。如：开展“我们的节日——清明、端午、中秋”等系列主题教育活动，让学生不仅学到了传统节日的知识，更在浓浓的节日氛围中，真正体会到传统文化的意义，陶冶了爱国情操。开展植树节、世界水日、中国水周、地

球日、世界读书日主题教育活动，庆祝妇女节、儿童节等活动，教师、家长融入其中，活动效果进一步彰显。

（三）开展好“阳光一小时”体育活动

学校十分重视学生的体质健康，创造条件落实“阳光一小时”体育锻炼工作。首先在时间上提供保证，每天除了大课间外，还在下午学科课程落实之后的时间，以班级为单位开展跳长绳、跳短绳、踢毽子等健康有益的体育锻炼活动。其次在管理上予以加强，由专人检查落实。一、二年级进行跳绳的练习，三至六年级进行踢毽子的练习，每学期期中、期末进行两次达标检测。鼓励以班级为单位开展有意义的课间游戏活动，学校德育室组织评选优秀活动班级，在全班体育基础项目达标的基础上，可引入其他学生喜爱的活动内容，引导学生充分利用好课间十分钟。

（四）贯彻学校卫生工作条例

认真贯彻学校卫生工作条例，建立卫生医务室，监测学生健康状况，建立学生体质健康卡片，每学年对学生进行一次体检，做好记录、统计、分析、反馈等工作。学校努力改善卫生环境和教学卫生条件，实行环境卫生区责任制，每天检查评比，纳入班级量化考评内容。加强卫生健康教育，定期不定期印发卫生健康宣传材料，设置卫生宣传栏，开展健康预防等宣传，对传染病、常见病的预防和治疗做到有宣传、有措施、有成效。开展科学用眼宣传教育，重视教学卫生，坚持眼保健操制度，切实保护学生的视力。

（五）开展好心理健康教育活动

学校十分重视心理健康教育工作，组建了专门的辅导教师团队，配备了心理咨询室和团体辅导活动室。心理健康课程的落实和团体（个别）咨询，按照工作计划稳步进行。学校将心理健康教育作为学校教育的有机组成部分，重视对学生进行心理健康教育和指导，做到有计划、有专人负责、有总结。积极探索学科教学中的心理健康教育、活动课程中的心理健康教育和校园环境中的心理健康教育，帮助学生提高心理素质，健全人格，增强承受挫折、适应环境和社会生活的能力以及自我教育、自我管理能力。

（六）开展好社团活动

依据课程设置的安排和要求，开齐开足各类课程。在落实好国家课程和地方课程的基础上，依据学校实际和地方资源实际，在学生社团活动组织的基础上，开发具有本校特色的校本课程，拓宽教育途径，拓展教学内容。学校依据师资的个体优势，开办了美术、手工、舞蹈、合唱、篮球等社团，同时还聘请专业教师开设了啦啦操、轮滑、跆拳道等社团，由学生根据自己的兴趣爱好自主选择参与。学校还会定期组织成果展示会，激励各社团和学生个体不断巩固和提升自我的实践成果。

创新实践是学生核心素养的基本内容之一，学校注重把握住时代教育的主题，营造丰富多彩的校园文化生活，在活动中进行系列主题教育，培养学生不畏困难、奋勇争先、团结协作、开拓进取的精神和自尊、自信、自立、自强、自主的品质，让学生充分地体验到集体生活的乐趣，促进身心和谐、知行协调发展。

学生核心素养的发展，是学校办学的出发点，也是归宿，同时还是检验学校综合办学水平的重要因素。要提高学生核心素养，学校不能仅仅停留在号召上，而应全面具体地分析校情，立足于学生发展的实际，着力加强学校教育教学的各项常规管理，切实做到为学生的终身发展奠基。

另外，学校十分重视起始年级学生课堂学习习惯的教育，分别以“入学文化节”和“毕业文化节”为依托，开展形式多样、内容丰富的教育活动，让新生愉快地进入小学生活、毕业生能更快地适应中学生活。

总而言之，教育应该向美而生，美的教育始于实而美的常规管理。学校管理不是做给领导专家看的，不是为了“出经验”“夺杯子”“创牌子”。学校管理要基于真、行于真，并察不善、防伪善；学校管理要增强审美体验，增加管理的灵动性和质感，让所有参与者都有美的体验与幸福心流；学校管理要追求身心和谐、人际和谐、环境和谐，察其失和之症，用均衡提升管理质量，最终成就更加美好的教育生活。

第二节　为学生构筑幸福乐园

“绿水青山”的学校，是学生生活、成长的幸福乐园。在这个幸福乐园里，学生是主人，站在舞台的中央，自由歌唱，快乐舞蹈。

美的学校管理，本质就是校长与教师之间、教师与学生之间相互启迪、彼此成全。校长、教师要以审美的眼光看待学生，珍视学生的差异，在教育日常中用心制造新奇和美感，并切实履行实而美的管理，为学生播下美善的种子。课程是落实立德树人根本任务的关键途径，也是舒展每一个学生的生命，促进学生全面、个性化成长的重要载体。为此，我们以提升学校课程品质、丰富学校课程资源、转变学生学习方式为突破口，把校本课程开发和建设作为构筑学生幸福乐园、营造美好教育生态的主要途径。

一、课程开发背景

（一）学校基本情况

武汉市东西湖区吴家山第一小学前身是吴家山小学，创建于1958年秋，至今已有60多年的历史。建校至1980年的22年办学期间，学校五易校址，最终迁至吴家山北麓现址。2007年9月，为了缓解吴家山地区适龄儿童入学难的压力，区委区政府研究决定将原东西湖区卫生学校整体移交吴家山第一小学，增加小学生就学的学位。目前，学校分东、西两个校区，占地面积32807.86平方米，建筑面积18709.22平方米。学校现有49个教学班，在校学生2508人；在校教职工144人（专任教师136人，安保8人），专任教师中在编教师94人、聘用制教师25人、临聘教师17人；中学高级教师11人，小学高级教师62人；湖北省特级教师1人，市级“学科带头人”“优秀青年教师”5人，区级“学科带头人”“优秀青年教师”38人；党员教师57人。

“九五”期间，学校制定“优化学校教育结构，促进学生全面发展”整体改革实施方案，以全面推进素质教育为目标，全力推行整体改革，关注点是把影响学生发展的各种教育资源优化组合，凝聚成整体育人的合力，通过提高学校综合办学水平，促进学生素质全面和谐地发展。“十五”期间，学校开展了市“十五”重点课题“小学生素质发展性评价研究”、市教育学会课题“课程与教学改革的参与性研究”等课题的研究，将工作的重心从学校教育资源的组合转移到发展的主体——学生身上，提出“一切为了学生的发展”的管理理念。“十一五”期间，学校开展了市规划办重点课题“学会尊重，走进生本教育的研究”、规划课题“提高学生参与课堂教学质量的对策研究”等课题的研究，进一步把办学着力点放在学生发展上,“为学生幸福人生奠基”,“为学生的终身发展夯实基础”,明确提出“以生为本”要“尊重学生”。“十二五”期间,学校开展了“学会交往,走进生本教育的研究”的课题研究,进一步拓展了“以生为本”的办学理念。“十三五”期间,学校进行了“生本教育理念下小学生劳动素养标准研制及提升策略研究”“生本教育理念下小学生活化课堂教学策略研究”课题的申报和研究工作,旨在全面深化落实“以生为本”的办学理念,提升学校的办学品位。“十四五”期间,学校坚持立德树人,落实“双减”政策提质增效,以“生本教育理念下小学‘五项管理’实施路径的研究”为题开展研究,同时在传承中创新,对学校办学理念进行梳理和重构,提出“淳美”教育理念。

不同的发展阶段对学校提出了不同的要求,使学校“以学生为本,以生命为本,以生动为本,以生长为本”的办学内涵更为丰富,为学生构筑幸福乐园的要求更为具体,指向更明确,操作性更强。

（二）现有资源

1.历史资源。作为一所具有文化历史积淀的学校,吴家山第一小学在发展过程中积累了大量教学、办学经验,为拓展学校特色课程提供了丰富的积累和可借鉴的资料。学校十分重视教育教学工作,办学质量和办学水平位于区同等学校前列,学校的特色课程——足球课程、行进管乐课程获得佳绩。

足球项目是武汉东西湖区教育三大名片之一,区内小学、初中、高中均设立了足球班,形成了足球项目的进阶链。吴家山第一小学足球班于2010年成立,此后多次在国家级竞赛、市级竞赛中获一、二名的好成绩,2011年作为武汉市小学足球队代表赴日本参加中日小学生足球交流赛,并为国家队、市级队输送了大量的足球人才。学校行进管乐队伍也有着影响力，自2010年成立以来，获得香港国际青少年步操大赛三项金奖、香港行进管乐大赛金奖以及市区级比赛的优异成绩，还三次承接了外国首脑访问的迎宾演奏，多次承接大型活动的迎宾演奏。

校本课程不仅能够开阔学生的视野，培养学生的兴趣爱好，提高学生的素质能力，发展学生的个性特长，同时也能够满足学生实际发展需求，让学生在校本课程中感受到幸福和快乐。基于以上因素，2014年，学校全面开设校本课程，丰富了学习方式和内容，形成了良好的校本课程建设氛围。

2.硬件资源。学校的教学设施齐全，尤其2013年学校西区改造完成之后，各班教室已经有了白板、投影仪等设备，舞蹈室、音乐室、美术室等功能室和教学场所正在逐年更新中，为深化素质教育、推进校本课程实施提供了良好的物质条件。

3.学生需求。学校已经开设的校本课程受到学生的普遍喜欢，学生抱着一种期待的心情参与课程实践，对校本课程体验式学习方式更加感兴趣。因为学生个性差异较大，现有的课程种类和内容仍然无法满足所有学生的课程需求，所以说，加强校本课程建设，增加课程门类，让课程更加贴近学生生活，是我们必须迎接的时代挑战。

4.教师资源。学校在开设校本课程前，对教师进行了校本课程意愿选择调查，同时鼓励、支持有特长的教师进行校本课程开发。通过调查，教师们兴趣广泛，专业突出。校本课程的开发，对教师既是挑战，也是促进其专业发展的动力，教师强烈的专业提高和学习愿望，为校本课程的开发和实施提供了良好的支撑。同时，学校广泛开发社会资源，利用专家、学者的专业优势设置校本课程。

二、课程理念

学校结合“创造一个适合儿童成长的生活世界”的办学目标，进一步确定学校校本课程建设的理念为“拓展快乐时空，享受幸福生活”，旨在让校本课程服务于学生主体发展和个性发展，拓展学生个性成长的空间和时间。学校通过开设一系列个性化、富有创意的、多姿多彩的校本课程，培养学生的人文素养和科学素养、创新精神、合作意识、开放的视野以及阅读理解、表达交流能力等综合素养，激发学生对学习的兴趣，对特长发展和个性化生活的追求，让学生享受课程学习带来的快乐和幸福感。

德国哲学家康德认为：“快乐是我们的需求得到了满足。”在校本课程建设中，一次体验将带给学生一份快乐，一次选择也将带给学生一种满足，实践参与、自主创意都是提升学生幸福感的具体指标。

三、课程目标

（一）学生发展目标

1.总体目标：培养学习自主、交往自如、平衡发展的阳光少年。

2.具体目标：学会交往，乐于分享，培养自尊自爱、懂得感恩、乐观思考、交往自如的品质和能力，构建幸福的精神家园。

（二）教师发展目标

发掘才艺潜能，发展专业特长，增强课程意识，提高课程开发、研究及教学能力，拓展适合自身发展和学生兴趣的校本课程，形成自己的品牌课程，在特色校本课程中体验教学的乐趣，提升综合素养，感受幸福人生。

（三）学校发展目标

以特色课程为抓手，彰显学校办学文化，持续提升学校课程的领导力和执行力，熔铸办学特色，塑造实验精神，打造品牌强校。

四、课程内容与架构

学校在“拓展快乐时空，享受幸福生活”课程理念的引领下，将“幸福乐园”校本课程划分为五个模块，即“运动园”“艺趣园”“生活园”“创意园”“书香园”，每一个模块里面含有多个课程。

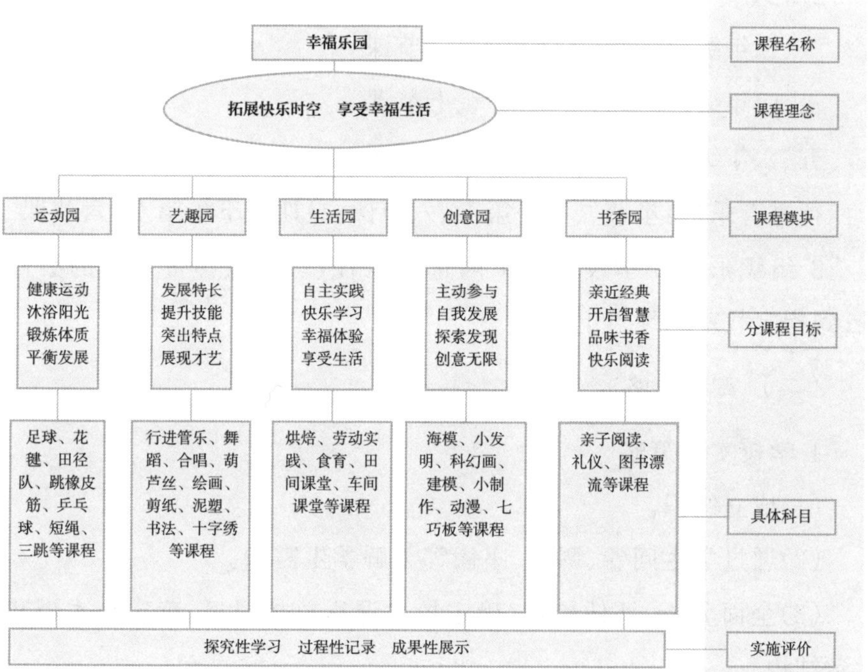

（“幸福乐园”校本课程架构）

五、课程实施

（一）实施方式

1.修习方式。

必修课：学生必须参加，并达到相应的学习效果。课程设置在学校统一的课表之中。各年级分别设置1节校本课程、1节地方课程的必修课时间。部分必修课依据课程内容特点，与相关学科教学时间共用。

选修课：学生可利用课余时间选择参加。

2.活动时间。

一、二年级：星期五下午第五、六节课。

三、四年级：星期四下午第六、七节课。

五、六年级：星期三下午第六、七节课。

行进管乐班：星期二下午第五、六节课；星期五下午第五、六节课。

3.组织形式。学校组织下的选修课程、班级教师带领下的必修课程，到指定教室和地点上课。

（二）实施策略

1.学校实施策略。

(1)成立组织。

(2)通过学生问卷、调查、座谈等了解学生需求。

(3)全面分析、评估校情，确定校本课程总体目标，确定校本课程的大致结构。

(4)专家指导，制定校本课程开发方案。

(5)培训教师—教师申报课程—对教师申报的课程进行审议。

(6)组织学生选择课程。

(7)确定校本课程,形成完整的课程框架。

(8)任课教师拟定具体的课程纲要,编写校本教材。

2.教师实施策略。

(1)根据本地的实际情况,充分挖掘和利用课程资源,不断地调整课程内容,进行优化整合,突出课程的生成性特点,创设出具有地方特色、学校特色、个人特色的课程。

(2)在教学过程中,要为学生创设主动探究、创新的自由天地,激励学生主动参与、主动思考、主动探索、主动创造,培养学生的创新思维能力和实践能力。

(3)精心创设活动情境,提出既有现实性、趣味性又有思考性和开放性的问题,让学生主动参与到活动中去,积极参与问题的讨论,主动地构建知识。

(4)教学中可采用小组合作、共同探究的形式开展活动,给学生充分的时间和机会,让每个学生有效地参与,同时也为学生创设一个便于交流的情境,鼓励学生明确表达自己的想法和认真听取他人的想法。

六、课程管理与评价

(一) 对学生的评价

1.评价内容。

(1)学习态度。学生是否根据自己的兴趣、爱好、特长选择适合自己的课程;是否以专注的态度参与活动;是否认真参加小组活动,努力完成自己所承担的任务;等等。

(2)合作精神。学生在活动中是否乐于帮助同学,主动与同学配合;

是否既能大胆发言，又能认真倾听同学的观点和意见；是否为班级和小组的活动做出积极的贡献；等等。

(3)探究精神。学生在活动中是否可以发现问题、提出问题、分析问题、解决问题；是否具有搜集和整理信息的能力；等等。

(4)实践能力。学生在活动中是否能有目的、有步骤地进行实际操作。

2.评价方式。

自我评价：学生根据自己在课程中的表现进行自我评价。

教师评价：教师对学生在课程中的表现进行总体的评价。

家长评价：家长对学生在校本课程活动展示中，以及在家练习、完成作品的情况进行评价。

校本课程评价表如表3-3所示。

表3-3 吴家山第一小学校本课程评价表

评价内容		评价方式		
		学生评价	教师评价	家长评价
学习态度	上课听讲			
	课堂发言			
	作业完成			
合作精神	分享交流			
	互帮互助			
	服从分工			
探究精神	敢于探究			
	敢于质疑			
	创意思考			
实践能力	操作能力			
	信息搜集			
	观察分析			
总评				

（二）对课程开发实施者的评价

对课程开发实施者的评价，主要包括以下内容：

(1)针对学校以及学生的实际情况，按照课程目标的要求，选择适当的教学资源，既能保证教学活动正常规范地进行，又能满足学生学习的需要。

(2)教学活动中教师能比较准确地把握课程的内容，融入学生中，参与学生的创新活动，共同收集、探讨、发现有关的问题。

(3)针对学生的个性，注意分层教学，了解学生感兴趣的话题，引导学生主动参与活动。

(4)面向全体学生，促进学生的全面发展，创设和谐、民主、平等的学习氛围，为每一个学生提供公平的学习机会。

(5)在尊重教师的创新性劳动的同时：①对教师的课程纲要、教学内容、教案以及教学准备的相关资料进行检查，评定；②开展教学巡视和听课活动，对教师课堂现场进行评价；③开展学生评教活动，了解学生需求。

(6)强调教师对自己教学行为进行分析与反思，建立以教师自评为主，校长、教师、学生、家长共同参与的评价制度，使教师从多种渠道获得信息，不断提高教学水平。

七、课程管理与保障

（一）成立校本课程开发保障机构

1.成立课程开发中心，校长是第一责任人。明确课程开发中心管理人员的职责：主要负责审议、决定校本课程开发项目，形成校本课程开发方案；负责课程教材建设、教师培训、教学指导、监控与评价、展示成果、进行评估等服务工作；承担校本课程的日常管理工作。

2.成立若干课程研发教研组，负责在现有基础上完善已有的成熟的课程设计，开发新课程，以及根据学校的整体安排做好校本课程实施的各项业务指导工作。

3.教务处、教科室主要职责是执行、检查、评估、组织研讨、交流，落实校本课程各项管理措施。

（二）建立校本课程开发管理机制

在开发校本课程的过程中，我们以学校已有的科研传统为基础，结合课程改革的具体要求，针对“总体策划—培训队伍—申报项目—落实实践”的校本课程开发流程，建立相应的管理机制，从而保证校本课程开发顺利进行。

1.建立课程审议制度。

(1)学校全体教师均有权参与校本课程的开发与实施，骨干教师及青年教师要积极参与。在学校进行动员与培训后，可以自主申报校本课程项目。

(2)教师在接受专门培训的基础上，将课程开发设计等相关资料上交学校校本课程领导小组会审。学校校本课程领导小组在进行全面、综合分析和评审后，决定开发科目及实施的人员。

2.建立课程管理、监控、督导制度。

(1)建立计划、总结交流制。凡承担校本课程开发的教师在教科室及教务处的指导下，要针对学校所开发的校本课程实际制订出切实可行的学期计划，组织集体交流，互相借鉴；学期末进行全面总结。

(2)教科室、教务处每学期要安排专题督导，监控、指导教师校本课程开发与实施的具体工作情况，做出科学的评价。开课情况将作为评选优秀教研组的重要参考。

(3)每学期必检查开课教师教学计划、教案、课堂教学等。教师必须严格按照课程表上课，按照教学常规进行教学。

3.建立经费保障制度。

(1)加强图书室、专用教室等设施的建设，合理配置各种教学设备，为校本课程实施提供必要的物资保障。

(2)设立专项资金，用于教师培训、奖励先进、对外交流等。

(三) 规范校本课程开发过程

教师开发一个校本课程要经过规范的程序：确定目标—选择教学内容—编制课程纲要—课题组论证—选择合适的教学对象试教—专业人员和学生评价—对课例进行优化或淘汰—形成活页夹式校本课程资料—纳入课程体系。开发校本课程要特别注意以下几个方面：

(1)将学校的传统与优势项目转化为校本课程。学校的传统与优势(已有明确办学理念和浓郁的校园文化)是学校特色的象征，是长期办学取得的成果，要将之转化为校本课程。

(2)将丰富的地域资源转化为校本课程，让学生感受到地方优秀传统文化的魅力，培养热爱家乡的情感，弘扬优秀传统文化。

(3)将教师的经验特长转化为校本课程。校本课程开发的主体是教师，要充分发挥教师的智慧和潜能，将教师的生活经验、专业特长、兴趣爱好转化为校本课程。

第三节　在学生心里种下美好种子

“绿水青山”的学校，就是种子自由萌发、快乐生长的地方，就是要种下美好的种子，并且让美好的种子萌发、生长、开花、结果。好的种子落在适合的土壤，并有适合的阳光、水分、营养，还有风雨、虫咬，这才是自由萌发，快乐生长，这才能长成最好的样子。课堂教学，就是要在学生心里种下美好种子。

课堂教学是学校最常见的教育活动，课堂教学质量直接关系到学生培养质量，同时也会影响到学校的长期发展。因此，学校教育之美，必须要有教学之美，并让其成为教育之美的核心密码。过美的教育生活，必须共同创造、享受课堂教学美好。美的教育生活，并不只是让学生会背诵美的概念、欣赏美的作品，也不只是认识美、欣赏美、体验美，更重要的是在美的教育生活中创造美。围绕“学习自主，交往自如，平衡发展的阳光少年”培养的目标，学校紧抓课堂教学质量这一教育“生命线”，制定了《吴家山第一小学教学质量形成过程管理方案》，在教育教学上不断改革创新，大力促进教师专业发展，为学生全面健康发展保驾护航。

一、形成规范化的课堂教学管理

学校教学的管理追求教学的效益和质量。教学质量是在教师的教学和学生的学习的全过程中形成的。高质量的教学体现在教师的教学过程和学生的学习过程的密切联系、有机配合上。课堂教学质量是保障学校教育质量的关键。课堂教学是教师教学工作的主要形式，教师必须遵守时间规范、言行规范、师德规范、学术规范的基本要求。为逐步形成教学质量提升的良性机制，全面提高教学质量，学校制定了《吴家山第一小学教学质量形成过程管理方案》，并于2020年7月修订后予以实施。其中，涉及课堂教学管理的具体内容如下：

(1)严格按课表上课、按时进课堂，不拖堂。

(2)能对照学校《课堂评价标准》开展教学活动，体现学校课堂教学改革理念，在促进学生积极参与课堂教学上有举措。

(3)坚持用普通话教学。

(4)组织学生遵守课堂秩序，课堂教学氛围好，体现新课程标准理念。

(5)显示出较深的教学功底，教学效果好。

(6)能根据课堂教学实际，合理使用多媒体辅助课堂教学，运用“互动课堂”软件，提升教学效果。

(7)严禁酒后上课或在上课途中接打电话、收发信息。

课堂教学是教学设计灵动实施的过程，课堂教学必须体现学校课堂教学模式，并遵循以生为本的理念。建立课堂是动态的、生成的观念，教学设计到了课堂应该跟着学习主体“走”，以学定教。教师的作用是合理组织和有效引导，即随时调整教学设计，包括增删内容、调整重难点、变更教学方式等；但不得随意变动，不允许出现基本的教学目标未达成的情况。以学定教体现的是教师的教育智慧，即有效指导练习、操作，与学生互动于指导中；耐心释疑解惑，从中发现、收集生成信息，启发思维，引发想象；放手，更多地让出时空，监控教学情景和教学环境；平等地对待学生，关注差异，及时给予反馈和评价；表现积极、主动、愉悦、健康。

学校要求每位教师能够精心地设计、组织课堂教学，有效引导学生参与教学活动，真诚地与学生合作，在课堂上大力倡导学生自主合作探究的学习氛围，做到“让学生动起来，让课堂活起来”，并努力探索与核心素养目标相结合的课堂教学新途径。教师要充分发挥现代信息技术辅助教学的功能，每学期每位教师执教信息技术与学科整合课2节以上。

二、构建全程化的课堂教学模式

课堂引领帮助学生学会学习。经广泛调研、反复论证，学校建构了“激发兴趣—自主学习—合作提升—拓展延伸”的课堂教学模式，强调功在课前，效在课中，思在课后；注重学生的学习情绪调整、方法掌握、兴趣提升、能力培养，倡导生命质量与分数质量共存。在教学中倡导自主、合作、探究的学习方式，引导教师在课堂上力求突破三个关键点：一是重视学生学习兴趣的激发，提高学生课堂参与度；二是将学校课堂教学模式与现代教学理念结合起来，充分运用小组合作学习的策略；三是在课堂上努力实现师生、生生的互动交流。吴家山第一小学三时段教学活动环节见表3-4。

表3-4　吴家山第一小学三时段教学活动环节

教学环节	课前时段	课中时段		课后时段
	1	2	3	4
学生活动	自主预习 发现问题	小组合作 分析问题	交流展示 解决问题	拓展探究 总结反思
教师活动	教学设计 设置问题	组织活动 启发思维	指导调控 概括总结	辅导检查 学习评价
师生活动	任务驱动 问题意识	兴趣感、参与度、成就感		目标导向 责任意识
	自主学习 发现学习	小组合作学习、探究学习		探究学习 反思学习

促进学生全面发展是课程改革的出发点和归宿。教师课堂教学行为的转变会带动学生的学习方式发生根本的变化，这种变化也正是新课

程改革所指向的。“激发兴趣—自主学习—合作提升—拓展延伸”课堂教学模式贯彻落实于吴家山第一小学各类课堂教学中，不断引导、逐步培养学生“探究质疑，自主地学习；相互启发，合作地学习；参与体验，活动中学习”的习惯和能力。下面是吴家山第一小学张丹玲老师执教的“武汉的路与桥”环境主题班会课教学实录及反思。

武汉的路与桥

主题说明：

武汉历史悠久，依水而生，依水而兴，滚滚长江自西南向东北从武汉中心穿过，滔滔汉水又将江北分为汉口与汉阳，以至三镇隔江相望。随着社会的发展，众多的桥梁把三镇连为一体，道路与桥梁形成了武汉“四环十三射”的独特交通布局，便捷了人们的出行，有效分流了城市的交通压力，实现了车辆的快速通行，为武汉各方面的发展做出了巨大贡献。本节课的活动，旨在帮助学生了解武汉的路、桥，培养学生爱家乡、建设家乡的情感。

教学目标：

1.认识武汉的主要道路与桥梁。

2.了解武汉的内环线与二环线。

3.培养热爱武汉、热爱家乡的情感和身为武汉人的自豪感。

教学重难点：

重点：了解武汉的主要道路与桥梁，了解武汉的内环线与二环线。

难点：在班会课中萌发爱武汉、爱家乡的热情，增强身为武汉人的自豪感。

教学过程：

一、激趣导入

提问："黄鹤楼上吹玉笛，江城五月落梅花。"你们知道李白诗中的江城指的是哪座城市吗？(请学生回答)

提问：为什么武汉被称为"江城"呢？(请学生回答)

提问：对，长江自西南向东北穿城而过，将武昌留在了江南；汉江又把江北一分为二，形成汉口和汉阳，因此三镇只能隔江相望。(边讲解边贴两江与三镇的标志)

你们知道自己所在的区域吗？送你们一个漂亮的区牌。看看待会儿哪个区域的同学用行动为本区获得最多武汉市花——梅花。

提问：古时人们想渡江过河，往来三镇，只能靠船，"君看一叶舟，出没风波里"，这样的出行方式怎么样？(请学生回答)今天你和身边的人是怎么过江的？

小结：自从1957年武汉在长江上建成了第一座跨江大桥，武汉的桥越建越多，它们横跨两江，与道路完美衔接，贯通三镇，形成武汉"四环十三射"的独特交通布局。这节课我们一起走近武汉的交通网络，走近武汉的路与桥。

二、认识家乡的路与桥

1.提问：武汉的主要道路都有哪些呢？请各个区域的同学对照三镇交通路线图，按图上先绿后黄的顺序填写自己所在区域的主要道路。

板书：武汉的路

学生活动。

2.请三个区域派代表展示自己的成果。投影展示。

提问：汉口的主要道路有哪些？(请学生回答)

评价：汉口的同学按先绿后黄的顺序介绍，很清晰。送你们一枚市花奖贴，它包含着你们的智慧和付出，请贴在你们的区牌上。

提问：汉阳的主要道路有哪些？（请学生回答）

评价：汉阳的同学按先纵后横的顺序介绍，很厉害！

提问：武昌的主要道路有哪些？（请学生回答）

评价：这么大的区域，介绍得无一遗漏，真不错！

3.在这么多道路中，这条红色标记的路线与黄色标记的路线，在武汉市区的交通中发挥着极其重要的作用，看看它们是由武昌、汉口、汉阳的哪些道路组成的。请三个区域的代表来讲解并贴图呈现。

学生活动：上台讲解。（教师提醒学生：三方一定要合作讲解，按照“这条红色标记的路线由武昌的什么路、汉口的什么路、汉阳的什么路组成”来描述。）

师：讲解得很清楚，请你们三方合作将红色路线在黑板上呈现给大家。

学生活动：黑板贴图呈现。

师：合作得十分成功，祝贺你们小组各获得一枚奖贴。哪三个同学来合作展演黄色路线？

学生活动：上台讲解。

师：好，请你们三方合作将黄色路线在黑板上呈现给大家。

学生活动：黑板贴图呈现。

评价：你们用心、眼、手认识了武汉的路，还为各自区域挣得了奖贴，祝贺你们！

4.教师播放视频：武汉长江大桥可是一座了不起的桥，我们一起看一段视频。

板书：武汉的桥

5.提问：除了武汉长江大桥，武汉长江上还有哪些桥？

学生活动：将大桥模型贴到黑板上对应位置。

小结：武汉长江段从上游到下游依次有武汉军山长江大桥、武汉沌口长江大桥、武汉白沙洲长江大桥、武汉杨泗港长江大桥、武汉鹦鹉洲长江大桥、武汉长江大桥、武汉长江二桥、武汉二七长江大桥、武汉天兴洲长江大桥、武汉阳逻长江大桥。武汉一共有10座长江大桥。

6.提问：汉江上，从上游到下游依次有哪些桥呢？

学生活动：说桥名。

小结：汉江上一共有8座桥。

7.小结：有了这些纵横交叉的路与飞架两江的桥，武汉形成了环环相连、贯通全城的交通格局。

8.讲解：刚才我们红色标记的道路是由哪些桥串联起来的呢？对，长江上的武汉长江大桥、武汉长江二桥，汉江上的江汉一桥，把武昌的武珞路、中南路、中北路、徐东大街，汉口的解放大道、武胜路，汉阳的琴台大道连接在一起，构成了一道完整的环形路线，让武汉市区的人们便捷往来，这就是武汉的内环线。

9.提问：内环线呀，早已无法满足三镇人民出行的需求，于是出现了二环线。黄色标记的路线就是武汉的二环线。二环线上又有哪些桥呢？（请学生回答）

小结：武汉二环线经由长江上的武汉鹦鹉洲长江大桥、武汉二七长江大桥，汉江上的知音桥，串起了武昌的雄楚大道、珞狮北路、东湖路，汉口的发展大道、汉西路，汉阳的龙阳大道、墨水湖北路，形成武汉市区的第二道交通环线。

10.讲解：这两道环线贯通了武汉的中心城区，对武汉中心城区的通行起到了至关重要的作用。但随着武汉远城区的迅速崛起，武汉交通日流量迅速膨胀，三环线、四环线、五环线也应运而生。

提问：下个环节看图抢答，看哪个区域的同学反应最快。自上游到下游，武汉三环线途经长江上的（ ）、（ ）和汉江上的（ ），串起了五个远城区，分别是（ ）、（ ）、（ ）、（ ）、（ ）。

这些环线有效分流了城市的交通压力，实现了车辆的快速通行，为武汉各方面的发展做出了巨大贡献。

11. 师：其实呀，贯通武汉三镇的除了纵横交错的路、四通八达的桥，还有很多交通建设，比如轻轨、地铁、过江隧道、渡江轮船。让我们一起看一段在央视热播的视频。（播放武汉灯光秀短视频）

提问：此刻，身为武汉人的你有什么感受？（请学生回答）

小结：从你们的自豪中，我感受到你们对武汉溢于言表的热爱。（板书：爱）

三、拓展

1. 导入：随着军运会在武汉的完美闭幕，更多的国际友人来到武汉，你能带他们认识这些标志性的桥梁吗？

2. 同学们，令我们骄傲的，不仅仅是大武汉，还有我们的东西湖区。军运会期间，很多赛事在我们东西湖的五环体育馆进行，家乡的哪些道路起到了至关重要的作用呢？（五环立交桥、金山大道、东吴大道、临空港大道、东西湖大道、硚孝高速东西湖段。）

来，咱们看看今天家乡的路与桥。

3. 结束语：今天，我们的父辈用他们的智慧和汗水，打造着武汉这座美丽的城市；明天，让我们用自己的行动为家乡绘制更美的蓝图。

课后反思：

这节环境课的亮点很多，主要有：1. 教学设计流程清晰、环环相扣。由武汉的路到武汉的桥，再到武汉的路桥相连，共同构成了武汉独特的交通网络，层次清晰，浑然一体。2. 构思巧妙，主题升华。武汉的路桥相连，便利人们的出行、促进城市的发展、展现城市的风貌，最后在主题上又由赞美武汉、热爱武汉上升到建设武汉的层面，这是一个用心、巧妙的设计构思。3.教学过程中形式丰富、手段多样。利用学生座位的巧妙安排，把教室设计成三镇两江的布局，让学生上台贴图呈现环线，以及师生、生生之间的互动学习，还有音频介绍、视频观看等方式，充分调动学生的听觉、视觉、触觉，促使学生全方位感知武汉的路与桥，了解武汉内环、二环的组成及作用，较好地达成了预定的目标。

但这节课也有不少问题，如学生主要生活在武汉东西湖区，对武汉还没有一个整体感知，特别是对武汉的交通网络没有形成图式化概念，因此部分学生在课堂上跟不上。

总体而言，吴家山第一小学注重在课堂教学过程中做到以下几个方面。

一是创设民主和谐的教学氛围。民主、平等、和谐的师生关系，是改革课堂教学，使学生由被动变主动所必需的基础和前提。我们的教师与学生平等对话，课堂呈现出民主、平等、合作、和谐的氛围，学生能在学习单的指引下积极参与课堂教学活动。

二是充分提供主体参与的机会。在充分激发学生学习兴趣的基础上，教师们在课堂上给学生足够的主动学习的时间，让学生不受约束地思考、实实在在地训练；在学习空间方面，采用全班教学、小组合作学习和个别辅导相结合的方式，保证全班学生参与教学过程。

如：在执教“我们生活的地方”一课时，我设计了一个综合活动，让学生以小组为单位，用不同的方式介绍和展示自己最感兴趣的家乡的名胜古迹。这是对前面活动的一个拓展和升华，目的是让学生了解自己生活的城市除了黄鹤楼以外的其他名胜古迹，在小组交流中学习知识，开阔视野，培养合作交流能力，增强对信息的搜集和整理能力。课堂活动中，我还努力创设民主和谐的教学氛围，引导学生在轻松愉悦的活动氛围中获取知识。在“我生活的地方精彩一刻”活动中，引导学生小组讨论交流，并展示课前搜集的学习资料，体验学习的快乐。

三是注重课堂生成，提升学习力。我们一方面强调要尊重学生对知识的主动理解，包括他们独特的认识，另一方面强调让学生在形成认知结构的同时也要形成相应的学习方法。为此，教师在设计教法时，要做好充分的教学预设，让学生发现学法，课堂教学过程中及时调整自己的教学设计，更好地指导学生运用学法；在此基础上，培养学生反思和总结的能力，使其主动形成知识结构和学习方法结构，从而不断提升学习力。

如：教师蔡娜在执教数学五年级下册第3单元“长方体和正方体”时，引导学生巧用儿歌记忆解题思路。学生在巩固拓展训练中经常会遇到此类题目：用两个长、宽、高分别是3cm、2cm、1cm的长方体拼成一个大长方体，这个大长方体的表面积最大是(　)，最小是(　)。

解答这样的题，同学们最初的思路是这样的：

先画出3种不同的拼法，分别是将上面拼合、将正面拼合、将侧面拼合，然后按照这3种拼法求得几何体的长、宽、高，再计算表面积。结果如下：

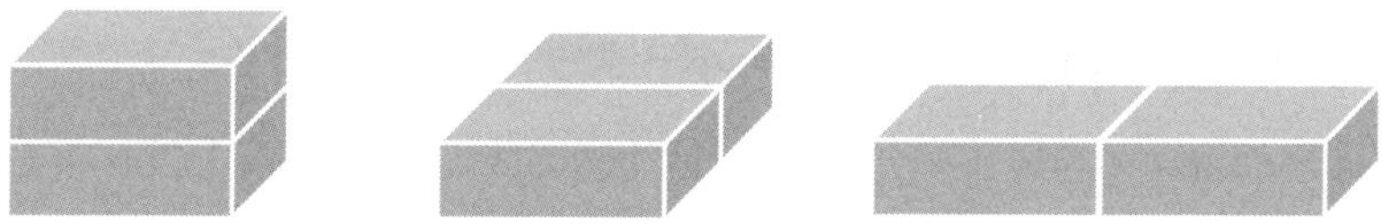

（长方体的三种拼法）

拼法1：长3cm宽2cm高2cm，表面积是$32cm^2$；

拼法2：长4cm宽3cm高1cm，表面积是$38cm^2$；

拼法3：长6cm宽2cm高1cm，表面积是$40cm^2$。

所以答案是“这个大长方体的表面积最大是($40cm^2$)，最小是($32cm^2$)”。这是最为稳妥的方法，思维缜密，形象直观。但是随着熟练程度的提升，同学们渐渐觉得每次画3个图形太麻烦，因为总有一个图形用不上，究竟是哪个图用不上一时也说不出来，心里难免会有困惑：一定要计算出所有结果进行比较吗？能不能对几何体的长、宽、高进行甄别，在计算之前就排除表面积不是最大也不是最小的长方体呢？这样就能提高答题的效率了。

同学们对这个问题产生了浓厚的兴趣。我们先对一个小长方体的长、宽、高进行比较，1cm＜2cm＜3cm，再分析这三种拼合方法：

第一种是将1cm的棱延长至原来的2倍，其余两条棱不变，这样得到的表面积是最小的；

第二种是将2cm的棱延长至原来的2倍，其余两条棱不变，这样得到的表面积不是最大也不是最小的；

第三种是将3cm的棱延长至原来的2倍，其余两条棱不变，这样得到的表面积是最大的。

显然，这些几何体表面积的大小与小长方体各条棱长的变化是有联系的。假设小长方体的长、宽、高分别是a、b、h，且a＜b＜h，依次选取其中一条棱长乘以2，即a乘以2，b、h不变；b乘以2，a、h不变；h乘以2，a、b不变；得到三个几何体表面积的大小比较结果如下：

$$(2ab+2ah+bh)\times 2<(2ab+ah+2bh)\times 2<(ab+2ah+2bh)\times 2$$

再进一步猜测，是不是所有用两个相同长方体拼合的大长方体都遵循这个规律呢？同学们用不同的数据进行了验证，结果确实如此。收获了这个令人激动的探究成果，同学们的兴奋之情溢于言表。如何记住这个探究成果呢？长方体表面积的计算公式本来就比较复杂，大家一致希望用最简单的方法记忆，于是就有了这首儿歌。其内容如下：

长方体，拼两个。
表面积，求最大，
长棱乘2短不变；
表面积，求最小，
短棱乘2长不变。

解释：用两个相同的长方体拼成一个大长方体，求表面积最大的方法是用最长的棱长乘2，其余两条棱长度不变，再列表面积算式计算出来；求表面积最小的方法是用最短的棱长乘2，其余两条棱长度不变，再列算式计算出表面积。

儿歌是学生喜闻乐见的表达方式，读起来朗朗上口，用它来描述数学规律，能令人产生深刻的印象，应用起来十分便捷。关于长方体表面积的这道题，学生基本上不用画图就能确定结果了。这样的课堂生成也提升了学生的学习力。

四是重视评价机制，激励上进心。为提升教师课堂教学质量，学校鼓励教师在课堂上充分地使用激励语言（包括体态、表情等），对学生获得的成功和进步使用肯定性赞美性语言，对学生的某些过失或错误，使用谅解性、引导性语言。各班均设计了不同的评价方式，采取小组集中评价与个人评价相结合的原则，调动大家的团队精神。师生共同营造的激励的人际环境，让集体中的每个成员受到鼓舞，获得主动发展。

课堂教学美好，就是教学方式之美：以唤醒、启发、引导、激励为主，倡导自主、探究、真实、深度的学习；在课堂教学中改变过于偏重知识机械记忆、题海战术等陈旧的教学方式，通过探究式、参与式、讨论式教学，通过项目化学习、基于问题解决的学习、STEM或STEAM跨学科学习，着力提升学生的问题解决能力，培育学生的理性之美。

课堂教学美好，就是回归生活之美：在课堂教学中师生一起开展基于真实情境的学科实践活动，让学生通过自主与合作的方式“学会美化自己”，并在多样化的场景中尤其是合作解决问题中，学会思考与合作，提升身体、理性、德性之美的水平并促进它们和谐发展，培育实践创新之美。

课堂教学美好，就是师生一起创造课堂之美。创造课堂美并不神秘，它是一种日常可为的教学实践活动，如好的对话环境、美的价值影响、从错误与不足中生成生长出来的美好、相互帮助的美好，培育学生感受交流之美。

三、研制多元化的课堂教学评价标准

实现课堂教学美好，通过课堂教学在儿童心里种下美好种子，关键的配套制度是评价标准，即回答什么样的课堂教学是美好的。自正式启动“激发兴趣—自主学习—合作提升—拓展延伸”课堂教学模式改革以来，学校先后多次讨论和修订了《吴家山第一小学课堂教学评价标准》。评价标准突出“学生为中心”，学生在课堂的参与状态和效果分值占60%，比重很大。同时这个标准还关注了教师的教学指导策略，将用于引导一线教师的课堂教学，以及相关公开课的评比。最新的评价标准包括学生的参与、教师的指导和参与的氛围三大维度，共计100分。具体如表3-5所示。

表3-5　吴家山第一小学课堂教学评价标准

维度		内容	评分
学生的参与（60分）	参与的目的（5分）	认可并明确师生共同提出的学习目标	
	参与的态度（10分）	①能积极主动地参与学习活动的全过程，体验学习和成功的愉悦； ②普遍具有问题意识，主动收集自己感兴趣的有关资料并能基本理解，能主动提出问题和回答问题	
	参与的广度（15分）	①积极参与学习活动人数达100%； ②自主活动的时间占一节课的1/3—1/2； ③课堂上活动的形式多种多样	
	参与的深度（15分）	①有根据、有创意地提出问题和解决问题； ②能灵活地、多角度地解决学习过程中的问题，在教师的指导下掌握学习方法，进行独立学习； ③能收集、整理与学习相关的信息资料。小组合作探究有目的、有秩序、有碰撞	
	参与的效度（15分）	①实现课堂教学设计任务，以思维为核心的综合能力得到培养和发展。能用自己的语言表述对知识的理解，能对学习内容做出价值判断； ②讲求课堂效益（包括质量和效率），做到低耗、高效； ③学习兴趣浓，有进一步学习的愿望； ④在课堂上得到了多方面的发展，包括认知、情感、价值观等	
教师的指导（30分）	制定目标（5分）	目标符合课程标准，明确、具体。帮助学生确立学习目标并明显地体现在教学过程中	
	处理信息（5分）	①创造性地处理学习资源，关注学生生活经验和已有的知识基础； ②能运用现代信息技术整合学科内容	

续表

维度		内容	评分
教师的指导（30分）	组织引导（20分）	①情绪饱满、热情、有感染力，仪表端庄、大方； ②创设生动有趣的教学情景，能为每个学生提供平等参与、充分展示的机会； ③设置的问题能针对学生的不同层次，能适时关注不善于展示的学生； ④能根据反馈的信息对教学进程、教学设计进行适当调整，灵活把握课堂，合理处理临时出现的各种情况； ⑤语言准确，具有魅力，板书科学，能启发学生归纳学习； ⑥及时采用积极、多样的激励性评价方式； ⑦能结合学科特点进行学法指导，教会学生学习； ⑧基本实现“三维”教学目标	
参与的氛围（10分）		课堂活跃、有序，师生、生生交流和谐、民主、平等、积极。学生人格得到尊重，学生的质疑、讨论和回答受到鼓励	

四、实施精准化的教研活动

“在学生心里种下美的种子”落脚于教师的课堂教学。教研活动是教师提高自身专业素养、提高课堂教学有效性、构建学校教研文化、提升教学质量的有效途径。学校按照“三环五步”集体备课教研模式开展教研活动，以问题为中心（始于问题），以诊断为手段（关注解决），以自我实践改进为目标（走向行动），形成“课前预设性研讨，课中比较性研讨，课后反思性研讨”的完整体系，让美从教师从容的课堂教学中产生、蔓延。

教研活动具体要求如下：

（1）教师按时参加各级各类教研活动，认真准备、态度积极，记录认真，有个人发言记录。

（“三环五步”集体备课教研模式）

(2)教研活动开展实行“五定”,即定活动时间、活动地点、活动内容、活动人员、活动目标。

(3)教研活动采取“预测性研讨和反思性研讨”的滚动推进,有比较翔实的记载。

(4)教师每月听课4节以上,听课后有较详细的评析。严禁随意编造听课笔记、抄袭听课笔记以及只听不评等现象的发生。

(5)积极利用“人人通”开展网上教研活动。

（一）三个环节

1.课前预设性研讨。其流程为:个体解读—集体交流—形成共识—设计初案。核心工作是研读教材。

2.课中比较性研讨。其流程为:先行试教—集体交流—形成公案—个性修改。核心工作是比较教学。

3.课后反思性研讨。其流程为:个人反思—集体交流—聚焦问题—反思总结。核心工作是反思总结。

（二）五个步骤

1.个人构思:学习课标,解读教材,分头备课,有备而来。

组长提前确定每次集体备课的时间、主备人及研讨主题。组内成员明确内容后，学习课标，钻研教材，进行备课准备。主备人备详案，其他人员备草案，撰写备课发言稿及教学设计思路，以备集体议课时发言。

2.集体研讨：重点发言，各抒己见，形成公案，有感而发。

主备人重点发言后，其他成员根据自己提前写好的草案和主备人的发言情况，提出补充和修改意见，统一认识后，由主备人写出初步的教学设计方案。

3.先行验证：先行试教，及时调整，观课议课，有目共睹。

主备人按教师集体备课的教案执教，同时根据实际随时调整教学设计，以求最佳效果。特邀学科专家(特级教师或学校骨干)及同学科教师跟随听课、评课，指出课堂教学中的亮点和不足，互相学习，共同改进，再次修改教学设计。

4.个性修改：个性修改，课堂实践，比较异同，有的放矢。

同组教师对集体备课形成的教学设计进行补充修改，使之适应本班的教学实际，付诸教学实践后，将之与公案比较，做好再次交流准备。

5.反思提升：交流反馈，聚焦问题，反思总结，有始有终。

教学结束后，同组教师交流教学情况，反馈教学效果，探讨教学新问题，提出改进措施，认真撰写课后反思，提升自身水平。

每次的教研活动都按这三个环节、五个步骤进行，有时需要重复滚动推进。因为有些问题在一个周期内解决不了，需要在第二个周期、第三个周期继续用这种方式开展教学研究。这样做的最大好处是在综合提升教师专业能力的同时，为教师的教学创新提供平台，张扬教师的个性。

为体现教研活动的精准性，学校也对教师观课和议课提出了相应要求。观课是实现教学开放、实施课堂教学监控和提高课堂教学实效的重要举措，是促进教师专业发展的重要途径。教师可以在观课和接受观课的过程中相互学习、启发并反思，同时增进教师间的相互交流和了解。观课要体现目的性、针对性，可以事先预约，也可随机进课堂。学校规定每位教师每学期观课20节以上（每月4节以上，新教师6节以上），教研组组长和观课组成员每学期观课25节以上（每月5节以上），学校教学管理人员推门听课，教学分管校长、教务处主任每学期推门观课分别达40节以上。

教师观课不仅要做好观课记录，还要有适量的评议和反思，特别是同年级组教师和“师徒结对”教师要进一步增强观课的针对性和实效性，按课堂教学评价标准扎实开展组内的“议课磨课”活动，及时总结、提炼教学成功经验，及时反馈教学组织行为和现象，教学相长。观课后的评价及讨论要以学论教，实事求是，勇于批判，在评说中增强自信，启发思维，提高课堂教学能力。

教师教学之美是在教师的课程观、学生观、质量观的视域下建立起来的教学表达形式。它以语言为建筑材料，以内容和活动为基本元素，以真实情境和生命成长为背景，形成一个完整的教学架构。教师审美情趣有三个关键要素：一是对学科有通透的理解；二是具备高位的教学意识，也就是教学成效十分显著，能站在学科教育的高位去理解课堂教学的组织和管理；三是自身具备对美的追求与向往。

教师教学之美，同样表现在个人的示范引领上。教师是否健美、衣着是否得体、说话是否有礼貌、举止是否有风度、思维是否敏捷、对待学生态度是否民主平等，这些不言之教，对于学生有潜移默化的巨大影响。要培养“美的学生”，教师首先要美，要成为“美的人”。

2018年，学校面向全体教师做教师个人职业发展需求调研，要求每位教师制订未来三年的发展规划，做到每位教师有理想、有目标。学校还把专家请进来，把平台搭建好，把评优政策平衡好，为教师“搭台子、铺路子、压担子”，帮助教师一步一个台阶实现人生理想。在教师培养上，学校抓“两项工程”，激励“梯队共进”。组建骨干教师和青年教师培养团队，加强青年教师“基础工程”和骨干教师“培养工程”两项工程建设力度，促进教师队伍的整体优化。充分发挥“黄鹤英才”朱小丽名师工作室和“小德”“小渔”两个校级名师工作室的示范指导作用，加强校本研修。通过校本培训、教研、科研三者有机融合，同频共振，形成合力，有效促进了教师专业素养的全面提升。

经过扎实有效的锤炼，吴家山第一小学拥有了一支师德高尚、充满活力、锐意进取的教师队伍。其中，全国优秀教师，省特级教师，“阅读改变中国”全国十佳年度点灯人，市、区学科带头人，优秀青年教师等有40多人。强有力的师资力量为立德树人、全面提升课堂教学质量、实现美的教育奠定了坚实的基础。

第四节　一起编织美丽校园

学校管理不能让勤奋努力的教师吃亏，不能让相同的失误出现两次，不能让事务性工作制约成长。学校管理要让全校领导、教师明确“干什么、怎么干、干到什么程度、干出怎样的成绩或结果”，要保持适度张力，而不能自然“躺平”。管理，就是让学校的所有人都一起来编织美丽校园，一起建设美好学校。

一、把学校办成师生喜爱的幸福成长家园

学校是教师工作、学生学习的场所。作为校长，我希望学校成为学

生成长的幸福乐园、教师发展的精神家园，因此倡导全体师生共同营造“温暖、和谐、自主、积极、向上”的文化氛围。我会通过每次大会讲话致辞，用慷慨激扬的宣讲与师生共情，也会通过书信等方式，去表达心意和传递情感。总之，我会抓住各种教育契机，让师生充分感受到集体的温暖，感受到自我的被尊重。2022年的春节，我就利用值班时间，给全校教师写了一封信。

新年写给全校教师的一封信

我最亲爱的伙伴们：

给大家拜年！祝大家春节快乐，阖家幸福！今天是2022年2月1日，大年初一，根据学校传统，大年初一应该是校长值班。

大年初一，要起早拜年。今年是虎年，再次祝福大家虎年大吉，新的一年虎虎生威，如虎添翼。

假期里的校园显得格外宁静祥和，没有孩子的校园，总觉得少了生机与活力，但校园里的红灯笼、红春联与高高飘扬的五星红旗，平添了许多节日的喜庆。虽然快要立春了，但冬意还未褪去，红梅、山茶花傲然开放着，路旁的迎春花含苞待放，待到春季开学时，校园必定是一片生机勃勃的样子。

今日天气很好，我在憧憬美景的同时，也在思考一些关于学校发展的问题：我们到底应该把学校办成什么样子？我们要把这所传统老校带向何方？这封信，是写给你们的，也是写给我自己的，因为我们每一位都是“吴一小”的主人。

今天出门时，就有家长带着孩子向我拜年，更有孩子与家长一起到学校，站在校门边，深情地望着学校。我漫步在校园里，不断地看到孩子们及他们的家长在与门卫师傅说着什么，不断地看到孩子们、家长们的笑容。我走到校门前，遇到了四年级的琪琪与她的外公、外婆，二年级的阿峰与他的表弟一家。孩子们和他们的家人们纷纷向我拜年，并请我转达他们对你们、对学校的祝福。琪琪的外婆说："琪琪自上学以来，一直说'我们的学校最好！我们的老师最棒！'。今年到琪琪家过春节，琪琪拉着我们来看学校。"阿峰的姑姑说："阿峰的表妹今年要上小学了，阿峰哭着要表妹到你们学校来，把你们校长、老师夸得像个宝贝似的。"孩子们摆弄着春节的新装，拉着我与他们在校门口合影。我不禁莞尔，感动着，被孩子们的质朴、纯美感动，被家长的尊重、认同感动，特别是我们的工作赢得认可，我内心欢喜且很受鼓舞。

作为一所家长心目中办学时间长、影响大、质量优的学校，我们"吴一小"应该以什么样的姿态走向新的一年，走向奋进的新时代，走向高质量教育的新明天？我在出任学校校长的第一时刻，就许下了我的"吴一小"心愿：要办一所至少在东西湖区学生喜欢、教师幸福、家长满意、社会认可的高品质现代化学校，一定要有新成绩，新荣耀！我在"吴一小"当校长已经4年了，有的老师说我"严了点"，有的老师说我"要求多了点"，有的老师说"工作忙了点"。我想说，不正是有了这"三点"，孩子的笑容才多了起来，家长的满意才多了起来，上级领导的肯定才多了起来。不正是有了这三个"多了起来"，我们的职业更受尊重，我们的努力得到认可，我们被我们的孩子、家长看到！

人是万物的尺度。学校好不好应该由这个学校里的每一个学生和老师说了算。只有当学校里的每一位师生由衷地喜欢学校时，教育的美好才能真正发生。因此有人说，当学生毕业后还心心念念母校时，这个学校是好学校；如果老师在学校有了归属感与幸福感，这个学校也是好学校。我想应景地加一句：当春节时，学生与家长想来学校看看，这个学校就是好学校。

好学校应该是能让师生感到身心愉悦的精神家园。这里人人平等，彼此包容，相互理解，相互支持。这里人人奋发向上，个性得以张扬，人尽其材，人人都能找到获得感与成就感。好学校倡导一种发现、支持、激励、共赢的管理文化。这里有舒适的环境，有丰富多彩的活动，有充实有趣的课程。这里有随手可取用的体育器材，大课间可以打一场球，来一场赛跑，跑跑跳跳愉悦身心；也可以走进书法、美术功能室，提笔写几行字，画一幅画。在这样的校园里，每个人都充满生活的热情，他们精神勃发，进取昂扬，你能从师生一颦一笑中感受到教育的美好。

把学校办成师生喜爱的精神家园，需要管理者牢固树立管理就是服务、管理就是示范、管理就是引领的理念。作为管理者，我们时刻思考的问题应该是，师生成长需要什么？我们能够为他们提供什么样的支持帮助？哪些方面还可以改进？我们要求老师和学生做的事情，我们自身做得怎么样？我们的课堂教学能不能起到示范引领作用？我们日常的表达和态度是否体现了平等包容的校园文化？

把学校办成师生喜爱的精神家园，需要每一位教师转变育人理念与方式，去关注每一个学生，发现每一个学生，激励每一个学生，因材施教，面向个体开展教育，让每一个学生都能找到成长的愉悦感。这需要师者用多元化的标准看待学生成长，用变化的眼光去看待学生成长中的问题。我们要在可能的情况下，更多地开辟一些供不同天赋的孩子奔跑的跑道。有的孩子读写能力强，有的孩子数理逻辑能力出众，有的孩子体育运动有特长，有的孩子音乐绘画方面有天赋。爱好足球的孩子，要在球场奔跑；行进管乐队的孩子，要在舞台上充分演奏；爱阅读的孩子，总是手捧书本在阳光下、春风里；有科学家梦想的孩子，总是对着虫子、小草、落叶发呆……我们要让每一个孩子都能在“吴一小”校园生活中找到自信与快乐，都能享受幸福与美好，都能自信地、自由地、自然地舒展自己的生命。

教育也是一种服务业，教育者要有客户至上的思维。这里的客户就是我们的学生和家长。客户的满意度是衡量我们工作质量的重要指标。过去我们把学校办成只是上级肯定或者家长满意就行了，孩子的苦累都是我们追求业绩的代价。这种教育现在行不通了，我们必须时刻把师生的幸福感放在心上，把将学校办成师生喜爱的精神家园作为我们共同的追求。

建设美好社会，是我们每一个中华儿女的幸福梦；建设美好学校，是我们每一位教师的责任与担当；把我们“吴一小”建设成更加美好、更有品质、更具品位的品牌学校，是我们的目标，是我们的任务。在吴家山第一小学，以生为本的质朴美好教育不只是一粒种子，而是一棵正在生长的树，是我们看得到、摘得到果实、品尝得到丰收喜悦的树。用我们的勤奋、奉献、专业，做纯真、朴实、美好的教育，做真实、自然、生命的教育，做面向所有孩子、促进他们全面发展的教育，我们正在努力，我们还要更加努力。我期望我们一起继续努力下去。

中午我家里有客人，是先生与孩子做的午饭。我想我们更加美好的学校、更加美好的教育，离不开我们教师家人的支持与默默奉献。趁着春节，趁着假期，好好陪陪家人。

下午带着些许思考，我又一个人在校园里漫步。此时艳阳高照，阳光灿烂，虽有些许寒风，但心有暖意，我仿佛看到了校园里师生其乐融融的欢腾场景。

校长：李海霞

2022年2月1日

二、让校友也来编织美丽校园

过去、现在、未来，是学校的发展史，学校的传统、学校的积淀、学校的精神如何传承下去，如何走向未来，如何链接在新时代的高质量教育中，是学校发展过程中需要思考的事。过去、现在与未来的和谐，是时间雕刻的年轮美、生长美、发展美。

编织美丽校园，不只是在校的教师、学生的事，也是家长、社会的事。曾经在“吴一小”工作过的校友，对学校既熟悉又有情感，尤其是校长——学校的“大家长”，校园的一草一木、师生的一颦一笑，都在他们的眼里和心里，他们对学校的情感是普通教师不能理解和感受的。普通教师调动至其他工作单位或退休离开学校，回到学校约见朋友或办理其他事务，属于很自然、很常见的事情。但作为校长离开学校后，他们不会随意返校，即使有很重要的事情必须返校，也会再三掂量时机和方式。这我很能理解，对在校长岗位上工作过的学校，时时都牵绊着、关心着，但只是默默的。在学校迭代发展的特殊时期，办学理念的梳理与重构、教育改革的传承与创新，是否能顺应发展的规律？我在思考这些问题时，想着能不能在学校专门设立一个“老校长回家日”，让他们带着一份责任、一种使命返校，既能重回校园看看，又能与我们一起编织美丽校园，把学校的美好故事、传统、精神传下去。

我征求书记、班子成员、部分教师的意见，他们都对这件事感兴趣，并且提出了许多好的创意。于是，我在行政会上提出设立“老校长回家日”的建议，也与学校民主议事中心的同志交换意见，他们纷纷赞同，通过了这一提议：每年三月第三周的星期三为老校长返校日，并确定了老校长返校“三课”活动。于是，吴家山第一小学有了“3333”老校长回家日活动安排，前面的三个“3”为三月、第三周、星期三，后面的“3”为“三课”。

“三课”，即老校长为学校管理者、教师代表或学生上一节学校发展传统课，让学校的光荣传统代代相传；走进年轻教师的教室，听年轻教师的一节课，看看年轻教师是不是把“爱”与“学生”放在心上；陪孩子们吃一顿午餐或参与一项活动，与孩子们同上一节谈话课，听听孩子们的心声与畅想。

2022年的“老校长回家日”是学校的第一次校长返校活动，张家斌校长、周冰校长、袁长春校长三位老校长应邀回到学校，参加“回家日”活动。

（从左至右依次为：袁长春校长、周冰校长、李海霞校长、张家斌校长）

上午9:30，三位老校长在学校行政班子的陪同下，兴致勃勃地参观了吴家山第一小学校园新貌。当我们行进至篮球场时，正值课间，楼上教室内的孩子们透过玻璃窗看到我们时，不约而同地向我们招手问候并齐呼“老校长好”，对老校长的“回家”表示热烈的欢迎。作为现任校长，我由衷感到高兴和自豪。孩子们有了主人翁的姿态，表现出了热情自信的样子，这就是我希望看到的现代少年应该有的阳光、礼貌，其背后也少不了老师的循循善诱。老校长们的动作神情中也洋溢着幸福。离开运动场转到教学区域时，一位年轻教师看到熟悉的老校长，热情洋溢地与老校长打招呼，健步如飞地跑过去，给老校长一个大大的拥抱。这样的场景，好令人羡慕！虽是很久未见，但情感流露自然，其间藏着的是那份深深的情，是需要用真诚、尊重、担当才能孕育的真情！

（从左至右依次为：李海霞校长、张家斌校长、袁长春校长、刘玲书记）

老校长们漫步于校园中，看着充满育人氛围的宣传栏、地雕等，不禁回忆起在“吴一小”走过的峥嵘岁月，纷纷赞叹校园面貌的日新月异，为学校的不断发展壮大感到由衷的高兴。

（从左至右依次为：周兵校长、李海霞校长、袁长春校长、张家斌校长、周梦晨副校长、刘玲书记）

随后，老校长们在观看了学校教育教学质量相关宣传片后，以“弘扬围垦精神，奋进新时代”为题，为全体行政人员与骨干教师代表上了一节学校奋斗精神课。

（从左至右依次为：李海霞校长、袁长春校长、刘玲书记、张家斌校长）

“艰苦奋斗、求实创新、开放包容的围垦精神，写在东西湖人的血脉之中。

“东西湖属古云梦泽东境，曾是一片荒湖沼泽。1958年，12万围垦大军半年奋战，建成东西湖大堤，将这里改造为当时国内最大的国营农场群。因一条由南至北的垄岗地带将境内分为东、西两大泛水湖群，故合称为‘东西湖’。

“1978年借改革开放的春风，东西湖有效激活农业生产力，打造了武汉的‘菜篮子’‘果园子’‘米袋子’。1992年乘‘南方谈话’东风，东西湖敢为人先，创办吴家山台商投资区，从引入统一集团‘一桶面’起步，开始了工业化征程。

“后面的发展，大家都是参与者、见证者。

“‘以生为本’‘质量一流’‘口碑最好’，是我们学校的金字招牌，不足的是，我们没有向主城区最好的小学看齐，我们没有在全市亮剑，我们错过了课改时机。

“我期望以李校长为首的班子，能啃硬骨头，敢涉险滩，在特色更优、优势更强、学校更美、孩子更幸福上下功夫，把我们的遗憾与心愿实现。”

接着，张校长走进思政课堂，为少先队干部们带来了一堂“喜迎二十大　争做新时代好队干”主题教育思政课。张校长以中国梦为切入点，从“梦之源”“梦之涵”“梦之路”三个方面深入阐释中国梦的内涵，激励少先队干部们树立远大理想，将个人梦想根植于中国梦之中，为祖国建设添砖加瓦。课后，小干部们纷纷表示张校长的思政课特别鼓舞人心，自己要积极发挥榜样示范作用，带领少先队员齐心协力营造美丽、文明、和谐的校园。

（从左至右依次为：林安庆主席、张家斌校长、李海霞校长）

我们把“老校长回家日”建设成为学校独一无二的课程，它是学校现代治理的课程，是孩子们的思政课，是教师们的精神文化课。通过“老校长回家日”课程，我们思索着后期创办“老教师回家日”及其他校友回校日活动，链接学校的过去、现在与未来，学校几代人携手共赴吴家山第一小学高品质发展的星辰大海！

三、聚集美的力量

校园更新，校园更美，是老校走向未来的一个重要命题。如何让老的学校，特别是有年头的建筑、设施，不仅与儿童发展不违和，还能成为他们喜欢的生活空间、学习空间、探索空间，是校长需要思考并解决的问题。

吴家山第一小学与其他老校一样，有老学校普遍存在的校园问题：原有校园规划设计的局限性与日益增长的师生需求矛盾；不断发展的教学新需求与校园既有建筑老化、设备陈旧、空间难以利用矛盾；校园既有建筑的结构安全性、建筑能耗较大与当下建设安全校园、绿色校园矛盾。校园亟须进行更新和发展建设，亟须根据新一代儿童的情趣进行美的再造与创造。

校园改造与美的再造、创造，并不是简单的推倒重来，不是与过往的决裂，而是对学校使用过程中出现的种种问题在不同层面进行修正。要从未来教育的教育空间、新一代儿童的体验、实践与环境友好的视角，从校园的整体环境出发，整合交通、绿化、人文景观、开放空间，高效、适度利用土地资源，合理安排与使用能源，综合运用多种适宜的技术，结合本校的人文、生态、经济、地区的特点，传承与发展校园特色和人文历史，通过有机更新改造使既有校园建筑呈现可持续发展的魅力。

校园改造与美的再造、创造，是建设以儿童学习为中心的集资源场景、课程化知识场景、功能性应用场景于一体的学习场景，是有时间的空间，有情境的环境，有领域的地域，是让儿童在学校开展学科实践、科学探究、项目化学习、生产与生活劳动、游戏活动等，让儿童的综合素养在实践中、在体验中提高。

2019年以来，区委区政府及区教育局两期政府投资项目支持吴家山第一小学的整体改造，但传统老校因受到客观条件的限制，只能是小步子、慢动作。目前在物质环境建设上，我们要做的事，是校园生态环境的更新与校园文化景观的建设。

吴家山第一小学，有山有水，有承载校友思念的几十年的老树，也有孩子们亲手栽下的花草，还有劳动角、实践园。在校园生态环境的更新过程中，我们坚持最大限度地保护、利用、修复原始的山丘、水景、植被等，梳理与净化水系，建设海绵校园。因地制宜地构建自然与人文相融合的校园景观，以此增加校园的空间深度和层次感。在校园文化景观建设中，我们坚持儿童立场与少年审美，与成人世界、向他人展示的目的决裂。在改造、再造与创造中，我们让教师与学生做设计师、建筑师，一起来创造美丽校园。比如让美术教师参与学校地雕图案设计。

2020年5月，在学校东校区小广场地面建设中，施工方提请学校就板材和地雕样板图选样，因提供的素材图案只有装饰功能，未能体现出学校文化特征及内涵，于是，我当即提议，由学校拟定地雕内容，用文字表述出设计主旨，美术组教师负责用图案和简要文字提示的方式配图。经过几轮的设计、修改，形成了具有校园特色的学校地雕文化图案。

起初，美术教师接受任务，压力很大，无从下手。我和老师们进行了沟通与交流，明确了设计意图。美术教研组曹组长召集组员商议后分工协作，统一了设计风格和绘图技巧，共同设计出样本图，再根据样本图的启示分别作画。完成手绘稿后，又统一进行电脑绘制，在反复修订中终于达成共识。当看到和老师们共同创作出的地雕作品出现在学校小广场时，我感到无比骄傲和自豪。按照校长的办学思路和理念，协同教师设计学校文化，我们做到了，这是一次很成功的突破。我在想，后面的办学中，依靠老师的力量，还有什么障碍不能逾越呢？其实，这次学校组织美术教师参与地雕图案设计，实际上是引导教师进行了一次很好的专业技能的展示，促使教师发挥自己的特长优势，和团队互助合作，实现对学校文化的认同，这提升了教师的研究力和反思力，同时也使其收获了满满的专业成长幸福感。

学校自主设计的地雕图案

主题1：启航篇

（美术编辑：张桂玲老师）

设计说明：校门上的文字提示出学校的名称，校园内的建筑展现了办学条件，上空中的数字明确告知了建校时间，学生在这所校园里学习、生活，练就本领，如雏鹰般欲展翅高飞。

主题2：常规篇

（美术编辑：张桂玲老师）

设计说明：美好的一天从迎着朝阳开始，值日生有礼貌地迎接师生入校。一天的学习生活井然有序，同学们与书本为伴自主学习、听取老师的耐心指导、积极参加社团活动等，在日复一日的常规校园生活中不断丰富自我。

主题3：教师篇

（美术编辑：高艳老师）

设计说明：中间是用线条勾勒的一本书的造型，同时把书设计成一个舞台效果，这是教师在这个平台上展现自己的魅力！教师努力落实课堂教学、积极参与教学研讨、自主积累专业知识、认真组织教育活动，为人师表，力争成为德艺双馨的好教师！

主题4：核心篇

（美术编辑：张桂玲老师）

设计说明：学校需要在教育教学活动中努力发挥学生“自主、合作、探究”的精神，将学生培养成德智体美劳全面发展的人。水流、松树、山石都是自然中最基本的物质，即自然的代表，人是自然的一部分，若想改变自然，塑造自己，就必须要尊重自然，将“自主、合作、探究”的精神自然融入校园生活的各环节，成为优秀的“一小学子”！

主题5:学生篇

（美术编辑：潘静老师）

设计说明:学校除了落实国家课程外,还组织实施了丰富的校本课程,学生自主选择参与,乐在其中!

主题6:特色篇

（美术编辑：高艳）

设计说明:在办学理念的指引下发展学生的个性,学校足球、行进管乐、阅读三个特色项目的打造已具雏形，还将继续发挥师生特长优势，打造更多的特色项目！

主题7：未来篇

（美术编辑：柯文莉老师）

设计说明：书本叠高而成的教学楼演变成帆船造型，带领学生承载梦想乘风破浪。学生的核心素养发展、教师的专业发展和学校的综合办学水平，未来可期！让我们共同努力，逐梦远航！

第五节　我的生态学校观在现代学校治理中形成

我们总是说，校园应该是花园、乐园、家园。绿色学校、儿童友好型学校、低碳环保型学校等，是我们争创的学校建设标准。学校不只是一间间教室、一栋栋教学楼、一座座场馆，而是一个所有人教育所有人的生态系统。学校是一个生态系统，文化充盈在整个系统之中，与整个系统融为一体。现代学校治理,就是把学校重构为一个强大而又良好的教育生态系统,即生态学校。

生态学校是绿色、开放、舒适、宜人的,发生的是尊重生命和人的成长规律的教育。我倡导学校努力营造和谐、温暖、自主、积极、向上的文化氛围,涵养师生的成长。学生的成长就像枝繁叶茂的大树,叶叶不同、自带特点,必须尊重每个学生的差异性与独特性,不能按车间、工厂统一生产制造的方式教育他们。生态学校,开展的是人性化、定制化、服务化的教育。生态学校的人性化教育,是着眼于人的可持续发展的教育,是适应未来的教育,是提升每一个学生自我认知水平、创造能力与综合能力的教育,是通识教育和情感教育。生态学校的定制化教育,是张扬学生个性的教育,是足够丰富、足够多样、可供学生选择的教育,是让每一个人都可以去定制自己所需要学科的跨学科、超学科的教育。生态学校的服务化教育,是校长、教师用自己的智慧、情感和生命去做的一件事情,是服务学生成长,成全每一个生命的精彩。服务化的教育,需要把人的温情、人的温度加入学校里、加入教育中,使学校成为宜人的地方。生态学校人性化、定制化、服务化的教育,让学生学会尊重生命、学会生存、学会共处,让教育与生活相通。

生态学校是文化的、精神的、活动的、生长的,发生的是持续生长和全面发展的教育。生态学校打破校长、教师的教育思想局限和学校管理的围墙,为每一个学生的持续发展提供了适宜的教育生态、思想生态、育人生态,给师生创造了幸福生活、适宜发展的温润环境,激活了师生勇于探索与创新的动力,同时,也促使师生在多元文化碰撞中做与世界文明接轨的现代文明人。文化的、精神的,就是“桃李不言”,却能使学生不知不觉、自然而然地受到熏陶、暗示、感染,给学生一种高尚的、高贵的文化享受和奋发向上的感受,让学生自觉地向上、向善、向美。文化的、精神的，具有催人奋发向上、积极进取、开拓创新的教育力量，帮助学校师生共同营造以社会主义理想和道德为核心内容，以科学态度、开拓精神、创造能力和高尚品格为目标的校园精神环境，形成团结、和谐、融洽、民主、友好、合作的人际关系环境和客观、理解、抑恶扬善的集体舆论环境。活动的、生长的，是实践，是体验，是课程，是交往，是学生学习文化、教师学术文化的具体体现。活动的、生长的，就是人生命活动的过程，是适宜生命成长的良性生态系统，让生命得以自由生长与和谐发展。学校的土壤终究有限，但学校的文化、精神的力量是无限的。我希望师生从我们的生态学校里获得自我向上生长的力量。

生态学校，是一个学校、课程、课堂构成的生活场、思维场、情感场、生命场。生活场，学生在活动中体验，在实践中体验，在项目中链接社会与生活并完成挑战性任务，在体验中成长，在完成挑战性任务中成长。成长永远是学生自己的事，教师无法替代，教师需要做的是给学生的成长提供适合的气候、土壤、阳光以及养分，营造学生成长需要的良好生态环境与建造良好的生态系统，帮助每个学生获得更好的成长。思维场，学生在课程、课堂中，提出问题、解决问题，综合运用知识与能力，展开思维，从低阶思维发展到高阶思维，促进高智慧的形成与发展。思维的发展是学生自己的事，教师无法替代，教师需要做的是为学生提供一个真实的问题情境与提出挑战性任务，且适当地给思维支架与工具。问题情境、挑战性任务、思维支架与工具，就构建了思维场，让学生在这思维场里驰骋。情感场，学校、课程、课堂、活动是知识的、能力的，也是情感的。学校教育要培养与发展学生社会情感能力，课程、课堂要有利于学生情感世界的发展，让学生在自由和谐的氛围当中接受陶冶和美化。教育的过程一定是教师与学生、学生与学生之间情感的交流与碰撞，即心与心的交流、情与情的激励、爱与爱的传递。生命场，校园对人的一生非常重要，今天的课堂就是明天的生活，今天的学校就是国家与民族的未来。学校的缘起和归宿都是生命的最美遇见，都是生命的健康成长。

生态学校，就是构建以学习为中心的新教育生态圈，重新反思教育功能，重新反思育人目标。教育是面向人的事业，其目的在于帮助人成为更好的自己，拥有完整而幸福的人生；学校是学习中心，其目的在于支持每一个学习者的学习，让每一个学习者都能经历充足而完整的学习过程。学习的根本意义，在于创造一个独特而素养平衡的人生。素养的平衡发展就像人生的底色，而每一个个体的独特，则是底色上的亮色。先有底色再有亮色，底色让生命更加完整、幸福，亮色让人生精彩纷呈。这就是“和而不同”与“不同而和”。生态学校珍视每一个孩子的差异性和独特性，尊重每一名教师的尊贵与不完美，让每一个“独特”与“尊贵”都熠熠生辉。

第四章

我主张：办至淳至美的教育

郭元祥在《生活与教育》中对教育作了如下阐述："教育在本质上就是一种唤醒人的生命意识，启迪人的精神世界，构建人的生活方式（物质的和精神的），以实现人的价值生命的活动。"[①]教育是因人发生、人在场的生命发展活动。教育必须闪耀人性的光芒，让生命在场，完满地释放每一个生命的潜能，让每一个生命都能健全地生长。这也是新世纪以来，我国基础教育课程改革提出并主张"以人为本"的教育理念的本质要求。联合国教科文组织在《反思教育：向"全球共同利益"的理念转变？》中明确提出，"可以这样认为，维护和增强个人在其他人和自然面前的尊严、能力和福祉，应是21世纪教育的根本宗旨。应将以下人文主义价值观作为教育的基础和宗旨：尊重生命和人格尊严，权利平等的社会正义，文化和社会多样性，以及为建设我们共同的未来而实现团结和共担责任的意识"[②]，重申了人文主义教育价值。

教育必须高扬文化与文明的旗帜，把人类文明的种子种在正在成长的生命机体内，让儿童徜徉在人类优秀文化成果的海洋里，获得精神上

①郭元祥．生活与教育：回归生活世界的基础教育论纲[M]．武汉：华中师范大学出版社，2002：107-108.

②联合国教科文组织．反思教育：向"全球共同利益"的理念转变？[M]．联合国教科文组织总部中文科，译．北京：教育科学出版社，2017：30.

的成长。雅斯贝尔斯在其教育名著《什么是教育》中有过精彩论述："教育是通过现存世界的全部文化，导向人的灵魂觉醒之本源的根基"，"教育过程首先是一个精神成长过程，然后才成为科学获取知识过程的一部分"。[①] 叶澜曾言："教育的任务是把人类已有的、共同创造的文化、经验、智慧转化为个体的道德、智慧与能力，激发出个体潜在的能力与创造力，为社会提供新的'创造能量'的过程。"[②]教育是对儿童智慧的启迪与生命的润泽，是生命的自我完满、主动改造与不断超越，是生命不断完美、整全的过程。

教育是生命的，教育也是生活的。儿童的生命、生活到底是一幅什么样的美丽图景呢？应该是淳美。对的，儿童的生命、生活应该是质朴、本真的。

第一节　淳美教育的理论基础

生命是教育的原点，教育的真谛与要义就在于它不断完善个体生命，引领个体走向完美与幸福。淳美教育是以生命教育、新生命教育、生活教育、"生活·实践教育"理论为基础，从儿童生命成长出发来开展的一种学校的"生命·生活"教育活动，让每一位师生能够真切地感到生活的意义和美好。

①雅斯贝尔斯．什么是教育[M]．邹进，译．北京：人民教育出版社，1991：3，30.
②叶澜．教育概论[M]．北京：人民教育出版社，1991：337.

一、生命教育与新生命教育

（一）生命教育

自20世纪60年代末美国学者詹姆斯·唐纳德·华特士首次明确提出“生命教育”的概念以来，生命教育经世界各国不断实践、创新和推广，已逐渐成为一种新的教育思潮。谈到生命教育，首先涉及的问题是如何界定“生命”。从不同的学科视角出发，对“生命”的理解不同。例如，生物学认为生命是由高分子的核酸蛋白体和其他物质所组成的生物体，具有不断自我更新、繁殖后代以及对外界产生反应的能力；心理学认为，生命即意识到自我，从婴儿期开始缓慢发展；法律学认为生命是动植物或有机体的存在状态；生命哲学中生命的含义超越了生物学，呈现着外在或客观、内在或主观两种状态。[①]简而言之，“生命”包括一切生物界的生命，但人的生命具有双重性，既有动物自然生命、本能生命的一重，也有人所特有的价值生命、精神生命、超本能和超自然生命的一重。[②]

鉴于生命界定的复杂性，学界对生命教育的理解也呈现出多样化的特征。从狭义上看，生命教育是基于解决特定“生命问题”而展开的教育，如安全教育、死亡教育、环境教育、法治教育等，其主要目标是探讨人类生命与死亡对于人类的意义，学习保护生命的策略与方法，探讨生命与死亡的有关权利等，从性质上来讲是治疗性的。从广义上看，生命教育至少应当包括以下三层含义：一是“关于生命”的教育，引导人们关注生命和认识生命；二是“通过生命”的教育，强调生命在场特征；三是“为

---

①宋兴川．生命教育[M]．厦门：厦门大学出版社，2016：18-19．

②冯建军．生命教育与生命统整[J]．教育理论与实践，2009，29(22)：8-11．

了生命”的教育，即以生命的发展为内在目的。[①]在广阔与多元的教育改革进程中，生命教育可以理解为以生命为核心，以教育为手段，在尊重生命本质基础上，有计划、有组织地引导受教育者正确地认识生命、珍爱生命、欣赏生命、享受生命、成全生命，促进生命个体全面和谐发展，引导个体追寻幸福生活的教育活动。

20世纪90年代开始，生命教育逐渐引起我国教育工作者的重视。1997年，叶澜教授在《教育研究》上发表《让课堂焕发出生命的活力——论中小学教学改革的深化》一文，主张突破“特殊认识活动论”的传统框架，“从更高的层次——生命的层次，用动态生成的观念，重新全面地认识课堂教学”[②]，以此唤醒了教育研究者的“生命”意识。中国人民大学黄克剑教授从哲学和实践两个向度提出了“生命化教育”理论，他认为“授受知识、开启智慧、点化或润泽生命”是教育的使命，生命化教育是以随顺人的生命自然为起点，借着它把人成全为人的教育。[③]学者冯建军认为以往的生命教育多是应对社会危机的产物，带有一定的工具性，他主张生命教育必须致力于生命的统整，即“必须以生命为出发点，直面生命，满足生命的需要，完善生命的发展”[④]。刘慧认为，生命教育的内涵是多层次的、丰富的，是涵盖生命之“真”“善”“美”的教育。[⑤]

伴随着我国学术界对生命教育研究的深入，实践层面上的试验推广

---

①孙卫华，许庆豫．生命教育研究进展述评[J]．中国教育学刊，2017(3)：72-78.

②叶澜．让课堂焕发出生命活力：论中小学教学改革的深化[J]．教育研究，1997(9)：3-8.

③黄克剑．生命化教育须从随顺人的生命自然说起[J]．福建论坛(社科教育版)，2007(4)：1.

④冯建军．生命教育与生命统整[J]．教育理论与实践，2009，29(22)：8-11.

⑤刘慧．生命教育内涵解析[J]．课程·教材·教法，2013，33(9)：93-95.

和课程开发也如火如荼地进行。辽宁、上海、湖南等地先后推出了生命教育专项工作方案，陆续开展了生命教育实践。2010年，《国家中长期教育改革和发展规划纲要(2010—2020年)》首次在国家层面上明确了对生命教育的重视。2016年，我国发布的《中国学生发展核心素养》进一步在“健康生活”核心素养中把“珍爱生命”列为学生发展的素养之一，生命教育也成为全国各级各类学校教育的重要内容，推动了生命教育的持续发展。

虽然当前学术界对生命教育的本质、内涵、目标、内容、途径以及实践方式等莫衷一是，但对其存在的意义已形成了一定的共识。生命教育存在之必要在于对学生及其发展需求的理解：学生是处于发展中、有着完整的人的生命表现形态的个体，不仅仅要学习文化知识，更要学习如何安全地生存和快乐地生活，学习如何迈向生命的充实、圆满和幸福。生命教育作为教育的价值追求，不仅要呵护学生之自然生命，为学生创造安全健康、充满人文关怀的学习与生活空间，还要关注和尊重学生对获得新的体验的需要、探究的需要、获得认可与欣赏等多方面需要，培养学生的同情心、关爱心和积极的生活态度，并引领学生寻找生活的意义，进而使其个体生命能够更加幸福完满。

（二）新生命教育

新生命教育是朱永新教授倡导的新教育的组成部分，它区别于狭义的治疗性生命教育，是新教育视野下的生命教育。朱永新教授认为，人的生命具有如下三个重要特点[①]：一是生命因独特而弥足珍贵。世界上没有两个完全相同的人，这也就意味着每一个生命都是不可替代的存

①朱永新．拓展生命长宽高 新生命教育论纲[M]．北京：商务印书馆，2022.

在，每个生命的成长也都是独一无二、无法复制的。新生命教育就是要让人们认识生命、珍爱生命、呵护生命、理解生命，让每个生命活出自己，活得完整、尊严、幸福。二是生命因自主而积极发展。人成长的过程，也是新的生命不断生成的过程。新生命教育认为教育就是帮助每个人学会自我教育、自主成长。三是生命因超越而幸福完整。生命的超越性表现为对自我的不断改善和努力超越生命的有限存在。新生命教育主张发挥个体主观能动性，帮助师生不断超越当下的自我，让有限的生命实现最大的价值。

基于上述生命观，新生命教育以人的生命发展的内在需要为基础，以“过一种幸福完整的教育生活”为核心理念，认为人的生命具有自然的、社会的和精神的三重属性，分别由自然生命、社会生命和精神生命构成。[①]自然生命是指个体的身体、组织、器官等物质存在，反映的是生命的自然事实；社会生命是指个体与人、自然、社会形成的交互关系，反映的是生命的社会事实；精神生命是指个体的信仰、情感、思想等价值体系，反映的是生命的意识和价值追求。人的成长，就像筑造一座金字塔般，以强调延续存在的时间的自然生命之长、重在丰富当下的经验的社会生命之宽为底座，底座越牢固越庞大，追求历久弥新的品质的精神生命之高则越可能坚不可摧，直至高耸云霄。[②]

新生命教育理论视角下，生命的三重属性共同决定生命最终是否幸福完整，教育应围绕人的自然生命、社会生命和精神生命而展开，引导学生热爱生命、积极生活、成就人生，拓展生命的长宽高，让有限的生命实

①冯建军，朱永新，袁卫星．论新生命教育课程的设计[J]．课程·教材·教法，2017，37(10)：12-18.

②朱永新．拓展生命长宽高：新生命教育论纲[M]．北京：商务印书馆，2022.

现最大的价值，让每个生命成为最好的自己。

二、生活教育与“生活·实践”教育

（一）生活教育

生活教育理论是陶行知先生在深刻理解中国文化、社会现实和杜威教育理论的基础上，实践创新提出的教育理论。关于生活教育的定义，陶行知先生在《生活教育》中阐释道：“生活教育是生活所原有，生活所自营，生活所必需的教育。”①在1921年题为“活的教育”的演讲中，陶行知将生活教育的概念解释为“生活的教育、为生活而教育和为生活的提高、进步而教育”②。虽然生活教育在不同场合的定义和解释有轻微差异，但“生活即教育”“社会即学校”“教学做合一”是陶行知生活教育理论体系的“三大基石”。

“生活即教育”是生活教育理论的主体，强调生活决定教育。陶行知认为：“教育的根本意义是生活之变化。生活无时不变即生活无时不含有教育的意义。因此，我们可以说：‘生活即教育。’”③其中体现了三层含义：一是生活决定教育，教育要以生活为中心，教育须通过生活来实现、来施行。二是教育对生活具有反作用。“教育就是生活的改造”，陶行知提出，“我们要用前进的生活来引导落后的生活，要大家一起来过前进的生活，受前进的教育”④，所以，教育不应该只是消极地适应生活，还应

---

①华中师范学院教育科学研究所．陶行知全集：第2卷[M]．长沙：湖南教育出版社，1984：633.

②陶行知等．生活教育文选[M]．成都：四川教育出版社，1988：291.

③华中师范学院教育科学研究所．陶行知全集：第2卷[M]．长沙：湖南教育出版社，1984：633.

④陶行知．生活即教育[M]．武汉：长江文艺出版社，2021：209.

不断地通过教育实践来促进和改造生活。三是生活与教育具有统一性，有生活即有教育，教育与生活共始终。

“社会即学校”强调应根据现实社会的需要办学校，是有关生活教育的组织形式的论见。陶行知认为，学校不是把一只活泼的小鸟从天空里捉来关在笼里一样，而须“开笼放雀”，实现“凡是生活的场所，都是我们教育自己的场所”[①]。所以，生活教育的范围不局限于学校生活，而是借助学校教育这个形式，将家庭生活、社会生活结合起来。另外，“社会即学校”把整个社会的范围作为整个教育的范围，每个公民不仅自己应在人生道路上终生受教育，还应自觉地帮人、教人。这在学校教育过程中就表现为学生与教师、个人与社会主体间的互动、共生的关系。陶行知在改造旧学校、创办新学校的教育改革实践中形成了教学相长、“即知即传”等极为丰富的教育实验模式。

“教学做合一”是生活教育理论实施的方法和途径，主张使教与学在做中统一起来。为贯彻落实“生活即教育”“社会即学校”的理念，1929年，陶行知提出“教学做合一”的教学观：“教学做是一件事，不是三件事。我们要在做上教，在做上学”，“事怎样做便怎样学，怎样学便怎样教；教的法子要根据学的法子，学的法子要根据做的法子”[②]。陶行知的生活教育中的“做”是以“知行合一”的教育哲学为基础的，具有知、情、意统一的特点。因此，“做”是教师教和学生学的过程的中心，离开了做，教学目的就难以达到。

陶行知的生活教育是结合自己的教育实践而总结出来的具有鲜明中国特色的教育理论，对我们思考与实践淳美教育具有十分重要的现实

①陶行知．生活即教育[M]．武汉：长江文艺出版社，2021：209．

②董宝良．陶行知教育论著选[M]．北京：人民教育出版社，1991：225．

参考价值。

（二）“生活·实践”教育

“生活·实践”教育是中国教育学人以马克思实践哲学为理论视域，基于现代生活与实践的视角，对陶行知的生活教育学说的创造性转化与创新性发展。从概念上来看，“生活·实践”教育是“以生活为中心、实践为方式的教育；是以生活为内容、实践为路径的教育；是指源于生活与实践的教育，通过生活与实践来实施的教育，为了生活与实践的教育”[①]。其中间插入的一个圆点，意味着“生活”与“实践”两者不是并列的生活实践教育，而是将陶行知的生活教育和新时代的实践教育相结合，实现了以人为连接点的内在交融，具体体现了三方面内涵[②]：一是“教育源于生活与实践”。生活世界是教育本质的内在要求，教育作为一种培养人的社会活动和促进人全面发展的实践活动，应以个体生活为源头，不断地在实践中进行革新，以帮助个体获得更美好的生活。二是“教育通过生活与实践”。一方面，因所有人都在生活之中，生活蕴含最初始的教育，所以教育必须通过生活，在生活中进行；另一方面，因实践是人类改变自身、改造世界的根本方式，人可以通过实践获得并增进认识，教育过程是一种特殊的实践过程，所以教育必须通过实践才能实现其目的。三是“教育为了生活与实践”。教育不仅要培育个体追求美好生活的能力，还要培育个体的实践能力，从而实现人的全面发展。“生活·实践”教育明确以“六力”（生活力、学习力、自主力、合作力、创造力、实践力）为培养目

①周洪宇.“生活·实践”教育的要义、意蕴与实施[J].宁波大学学报(教育科学版)，2022，44(3)：1-8.

②刘来兵，周洪宇.“生活·实践”教育：内涵、目标与实践路径[J].华中师范大学学报(人文社会科学版)，2022，61(4)：156-164.

标，让教育教学与学生现实生活紧密联系，着力使个体成为“完整的人”。

基于生命教育、新生命教育、生活教育与“生活·实践”教育理论，我深刻认识到教育要通过生活与实践才能迸发出生命力量而成为真正的教育，教育要为了生活与实践，以培育学生追求美好生活的能力为目标指向。我认为，生活与实践的方式应是质朴的，但个体生命生长却是丰富、美好的。教育要以生为本，尊重儿童生命，关怀儿童的生命成长出发，营造“纯粹而美好”的教育生态，以期让教育通过生活与实践创造美好人生，实现美美与共、和而不同的生命样态。由此，我提出了“淳美教育”主张。

第二节　淳美教育的含义

习近平总书记在党的二十大报告中指出，要“不断实现人民对美好生活的向往”。追求美，是教育一个永恒的话题，教育文化的传承与发展直接反映了人们的教育审美观念和教育美学理念。面对教育高质量发展的新使命，我深刻地认识到，美不应该只谈形，更要感受它内在的意境，中华五千年文明给了我们文化自信的基础，这些经典就是美的内在意境。拥有中国美的底色的美好教育，一定是把德性的养成放在第一，一定是整全的生命成长。淳美教育是对美好教育的探索、重塑和表达，也是师生一起寻找美的灵感与内涵、一起创造美的生活与美的人生的过程。

所谓淳美教育，就是从儿童生命成长与自然生活出发，开展的一种学校的“生命·生活”教育活动，它是美好教育的一种校本形态，美是它的内核，质朴是它的形式。

爱默生曾说："我们把美归结为质朴无华，实实在在，恰到好处。"列夫•托尔斯泰也曾说过："朴素是美的必要条件。"质朴之美，是带着几分诗意、几分希冀、几分平淡的美丽、美好。美丽存在于简朴之间。质朴无华、淡雅大方，展露出人性之纯真，这就是我们教育应该有的样子：本真、自然，如清水出芙蓉，天然去雕饰；如山间野菊，淡雅素洁；如清澈山泉，潺潺流淌。师生之情纯粹，同伴之谊坦诚。教育的质朴之美，源于师生都有一颗真诚、纯朴的心。

质朴中蕴含平凡的美好，如深谷幽兰、深山百合，宁静，淡泊。淡淡地开，淡淡地谢，自然而然。老子说："其出弥远，其知弥少。"离名利越近，离自然就越远。离物质越近，离本真越远。最具质朴美的，是那些真正懂得美、追求美的人们。教育，需要心无尘埃，自然本真，幸福快乐。

质朴的人最美。朴素的打扮和简洁的装束，流露出一种人的本性美，彰显个人清雅洁净的气质；简单的为人和务实的做事，流露出一种人的生活美；人们可以透过外表的朴素美、行为的踏实美，看到内心的真实美。校长、教师要做质朴的人，把我们的生活美、朴素美、踏实美、真实美，变成教育的实在美、育人美。

质朴的教育最美。自然本性、自然生活往往更具有感染力，更能动人心魄。老子云：朴素之美为大美。儿童，稚嫩天真；教师童心本真，有真乃美。伟大的人民教育家陶行知先生的"千教万教教人求真，千学万学学做真人""捧着一颗心来，不带半根草去"，不就是一个"真"字吗？真心、真情、真人，有真乃大，有真乃美。

淳美，是简单的富足、丰富的单纯、走心的简朴。简单、单纯、简朴是一种简洁美、纯净美；富足、丰富、走心是美的那种饱满、丰盈与和谐。淳美教育亦如此。简单、单纯是指教育教学方法的务实求真，是教育生活的纯真透切，是学校生活方式的纯朴清澈，没有现实的、功利的、焦虑的纠葛；富足、丰富是内在精神生活的品质，指精神、情感上的丰富，课程、活动上的丰富，各自不同而又相互成美的丰富。

一、淳美教育，是追求教育的“纯粹而美好”

教育作为有目的地培养人的活动，始终以人的美好发展与幸福生活为目标。教育应该是美好的。教育过程是发现美、感受美、欣赏美、表现美和创造美的过程。淳美教育是一种质朴、本真的“纯粹而美好”的教育，能够带领儿童走进美的世界，开启美的生活，在探索和发现中感知生命之美与生命成长之美。美是一个人生命中包含视觉、听觉、嗅觉、味觉、触觉等各种不同感受的库存。教育就是要不断地丰富这个库存，并让这个库存能自动、自由地扩容。

纯粹是对“回归教育本源”的回应，强调学校教育应如水般纯净、淡泊、自然，于无色无形中润泽心灵、滋养成长；如山般稳重、坚实，于无争无悔中守护生命发展。

纯粹，对于儿童来讲，就是纯正，童心、童趣、童真，清澈明亮，向上生长。

纯粹，对于教师来讲，就是质朴，本心、本真、本色，无私敬业，教书育人。

纯粹，少年本是少年，教师宛若少年。纯粹中，教师能聆听儿童的声音，感受儿童的世界，也能找到自己的影子，找到自己过往童年身份的某种认同，找到自身精神成长的源头。

美好是对“个体生命成长”的回应，强调人的社会化与个性化的和谐统一，以期实现美美与共、和而不同。

美在形态上有自然美、社会美与艺术美。教育的美，是三种形态的美在育人中具体而独特的体现。美的不同表现形式，有不一样的形容，如壮美、俊美、秀美、柔美、优美等，从成长中的儿童的发展来看，这些都有体现。但在忙碌快节奏的学校场域中，我更认同优美是儿童生命美的样态。

优美是一种和谐自由的审美形态，是具有温婉、柔和、清丽、雅静的美。美好，对于儿童来讲，更多的是优美。

美是真实的客观存在，真实的美的体验，真实的美的发现，真实的美的创造。对于儿童来讲，真实就是生命的"纯"与"美"，真实就是不同的生命样态。对于儿童的生命成长来说，迟钝、分心、反复、不听话、调皮，像聪明、专注、一贯、懂事、乖巧一样，都是正常的真实存在。恰恰是它们的并存，才构成了丰富的教育过程，形成了多样的教育方法。而那些假装听话、刻意一样与表面整齐，反而不美。只有认识到这些，我们才会创作出一幅美的成长教育画卷。

二、淳美教育，坚持以"纯的教育""正的教育"培育"美的人"

淳美，乃朴素之美，是一种能够承受时间洗礼而历久弥新的美，永远不会过时，时间越长久，美越有生命力，越有吸引力，越有魅力。

"纯的教育"即直指生命的教育，荡漾爱的教育，回归生活的教育；"正的教育"即不忘初心使命的教育，"为党育人、为国育才"的教育，尊重规律的教育。淳美教育，以教育之纯、之正培育人之美，是对冲教育功利性、社会功利性，提升教育品质、走向美丽人生与美好生活的高品质教育。高品质教育提供了一个回响着高贵灵魂的歌声的特殊场所，步入其中，灵魂受到洗礼，生命得以升华；高品质教育提供了一个心灵自由、自然安顿之所，不管外界如何喧嚣，教育者都不为所动，保有优雅美丽的心境；高品质教育让所有生命极大地激发潜能，并在持续不断的发展中展示出新的景象。在这样的教育里，人性之美、生命之美尽情展现，生活之美、人生之美极尽彰显。

淳美教育，要求每一个教师，都能“如保赤子”那样真爱学生、真爱教育教学工作，真诚和平等地对待学生，尊重并信任每一位学生。苏霍姆林斯基说：“只有教师关心学生的人的尊严感，才能使学生通过学习而受到教育。教育的核心，就其本质来说，就在于让儿童始终体验到自己的尊严感。”[①]教育教学是一项以心交心的活动，知识学习只能发生在心扉敞开的平等对话和全员参与的活动中，这是淳美教育之纯、之正。

淳美教育，从每个学生的现实需求出发，并为其提供个别化的教育服务，竭尽所能地了解学生想要什么，并创造条件以满足他们的现实需求，纯的、正的、美的品质蕴含在具体的教育教学和管理活动中。恰如雅斯贝尔斯所说，“我们要想振兴，就必须让教育的内涵超越实用的技术教育和宗教限制”，“科技讲求的是生产力和强大的武器，而精神要求的则是人的转变。前者只能制造装备，把人变成工具，并且导致毁灭。后者使人悔改，变成真正的人，并且借助精神的转变，人们不但不会被生产力和制造武器的技术打败，反而能掌握它们，挽救我们的生存”。[②]

人之美，包括身体之美、理性之美与德性之美。人之美首先在于身体、理性、德性三者的和谐之美、全面发展之美；其次在于三者各自内部诸多要素的和谐之美，身心的和谐、科学与人文的和谐、知行的和谐、远大理想与踏实行为的和谐等；最后在于三者之间的相互影响、相互促进，理性、德性之美能为提升身体之美做出积极贡献，身体之美又能为持续

①苏霍姆林斯基．给教师的建议[M]．杜殿坤，编译．北京：教育科学出版社，1984：316.

②雅斯贝尔斯．什么是教育[M]．邹进，译．北京：生活·读书·新知三联书店，1991：68-69，3.

的理性、德性之美提供保障，理性之美与德性之美本身就是你中有我、我中有你。淳美，就是这种和谐之美、融合之美、复合之美。淳美的这种特性，决定了淳美教育不是孤芳自赏、标新立异，而是大道之光、品质之光，是教育的初心、使命、觉悟与奋进之举。

培育美的人，就要回到人本身，就要因材施教。这就要求教育目标、课程内容、教学方式都要进行校本创造与生本回应，这些创造与回应就是回到育人，回到人的发展根本，回到各个不同的生命。

三、淳美教育，是一种自然质朴的教育

淳美，是守拙抱真，透着天真与烂漫，自然中流淌着质朴，质朴中散发自然之味。稚拙，是向童心的回归，如初生的婴儿，如初起的朝阳，是洗尽铅华后，复归人性最单纯、最真实的状态，是儿童最童真、童趣的样子。如此，教育就让生命有了一双鲜亮的、充满活力的眼睛，看这个世界如其真，如其性。

拙，是以生命的本然体认世界；教育的拙，是按教育常识去办教育。在一个正在从后工业文明向数字文明发展的现代社会，在一个分外尚“巧”的时代，对“拙”的追求和审视，也有了反思的意味。人们追求工巧，往往导致虚伪；投机取巧，容易适得其反。长此以往，人、社会与自然，愈难做到和谐共处，教育也就与人的发展背道而驰了。拙，是人以天地的秩序，来实现自身。人失去了拙，便失去了内在的生命体验。教育失去了拙，也就失去了育人的本色。这大概就是专家们讲的，教育是农业，要慢一点，笨一点。当我们只凭人的意志去改造世界，只迎合利益、政绩、分数去办教育，那么，就算拼到精疲力竭，也无法获得超越的眼光，感受自然与天真的意趣。拙通常被当作一种美学境界，而回到根本上，这其实是人生的命题，也是育人的问题。教育者要做守拙之人，守的是生命

内在的自然本性，守的是精神里的天真与纯净。这样的守拙，即为淳美。

在浮华的世界里，在教育创新花样不断的现实里，求拙不易，守拙更难。但也唯有拙于喧哗吵闹的世间，拙于“超越”“打造”的教育热闹场里，才能在纷繁复杂的包围下，做到宠辱不惊、淡泊宁静，愉悦地生活。巧与拙，这一对辩证而玄妙的概念，已经被探讨了千百年。在今天，想要更接近真理，既回归原初的简单，又不失去生命的张扬与进取，全有赖对“拙”有更好的拿捏。拙，就是教育回归，就是按教育常识办事。

四、淳美教育，主张过一种气质优雅、举止从容、内容完整、精神健康的教育生活

淳美教育是一种纯的、正的、美的教育方法，追求好的、高的、优的教育质量，更追求过一种气质优雅、举止从容、内容完整、精神健康的教育生活。

这种教育生活，是一种十有八九、留有余地、有点调料的生活；是一种身心和谐，工作、学习与生活关系良好，互相促进，不成为彼此之负担的舒适生活；是相交以淳、相处成美，有大同亦有小异，有自成风景更是互成风景的优雅生活；是需要学校建设“时教必有正业”与“退息必有居学”相结合、课上和课外相辅助的内容完整的教育生活。

这种教育生活，是兴味盎然的。它让学生觉得学校里的万事万物都有趣味，每一天如是，每一周如是，每一月如是；每一物如是，每一地如是，每一处如是；每一课如是，每一科如是，每一活动如是。让趣味贯穿儿童生命的始终，不是有趣始而无趣终，不是他有趣而你无趣，不是师有趣而生无趣。唯有如此，教育才是无功利而充满愉悦性和审美性的，并以一种好的样态、美的形式激发儿童生命的蓬勃状态。

淳美教育追求的这种教育生活，还是校长、教师精神自由、生命安顿

的最美样子。师生一起过这样的生活，教育才能以蓬勃的生命意趣，乐而不倦地勇猛精进。

在这样的教育生活中，学校所有人，包括校长、教师、学生、家长、工友、保安，形成一个心有灵犀的内在“联通”，形成水一样的涵容、山一样的信仰。淳与美始终在学校自然不息地流淌，成为一条河流，所有人、所有事、所有场、所有景都联结起来，构建强大而美好的“同心结”，传递着巨大的正能量。于是，真诚、爱与美像水的涟漪一样，一圈一圈不断地扩大传达出去，向青草更青处漫溯。

让教育回归常识，把学习的自觉性、丰富的教育生活选项还给儿童，用纳百川的胸怀、如磐石的意志，护航儿童的生命成长。关注儿童的素养形成，把眼光放长远，给儿童一个真正的童年，让生命自然舒展，许儿童一个可持续发展的美好未来，才是淳美教育的终极目标。

第三节　淳美教育的特点

淳，即真，即实，即厚，自然本真，规律真知，天地真情。淳美教育，坚持以生为本，尊重儿童生命，关怀儿童的生命成长。淳美教育具有“顺天性而教，循规律而育”“施教于美，立美育人”“追求完美，不为完美”等三大特点。

一、顺天性而教，循规律而育

教育要顺应儿童的天性，促进生命成长。《中庸》说：“天命之谓性，率性之谓道，修道之谓教。”（意为：天所赋予人的就是本性，遵循着本性行事发展就是道，把道加以修明并推广于众就是教化。）这深刻地阐释了中华教育的自然大美。20世纪美国著名实用主义教育家杜威明确指出："因为生长是生活的特征，所以教育就是不断生长；在它自身以外，没有别的目的。学校教育的价值，它的标准，就看它创造继续生长的欲望到什么程度，看它为实现这种愿望供给方法到什么程度。"①

教育即生长，教育的目的是不断促进人的生命成长，提升生命价值，实现生命意义。生长，必须要顺应生命的自然属性，遵循生命的成长发展规律。从本质上看，淳美教育是一种深切的生命关怀，是向人类传递生命的气息；是回归教育的本源，遵循教育规律的本真教育、本色教育。

顺天性而教、循规律而育，必须坚持儿童立场，树立儿童生命成长至上思想。儿童立场，即以儿童发展为中心，就是要求校长、教师、家长、社会广泛而积极参与，倡导与践行儿童优先、儿童平等和儿童参与的理念，建设儿童发展环境良好、儿童权益依法维护、儿童观点充分表达、儿童安全保障有效、儿童发展全面和谐。

淳，是教育的本色。淳美教育，如春风化雨，无声润物，不急不躁，从容不迫，远离了喧嚣，祛除了浮躁之气，静下心来，不忘初心，不易素心，守住一颗质朴的教育心。面对与儿童相处的每个日子，不作秀，不攀比，不赶时髦，不刻意包装，不玩虚招，不拔苗助长，不急于求成，用平常之心面对儿童，用思考的大脑来对待工作，实实在在地做一些有意义的事情，追求每天一点点的不同和突破，这就是淳美教育坚持的最基本观点。教育就是让每一个鲜活的生命，按照自然规律，借助有利的环境，以其独特的方式生长。淳美，在某种程度上讲就是各个不同生命的不一样的美。淳美教育，追求与保证不同生命各美其美的差异性与公平，让生命更从

①约翰·杜威．民主主义与教育[M]．王承绪，译．北京：人民教育出版社，1990：61-62.

容、自信地成长，培养与发展孩子具有创造力、拥有个性、能够合作、敢于质疑和挑战的特性。

淳美教育顺天性而教、循规律而育的特征，具体表现为“个性化”“人本化”与“本真性”“本色性”。

淳美教育的“个性化”“人本化”特点，主要包括三个方面：一是充分了解儿童的个性差异，促使儿童各有所长，在多样化的学习情境中获得有尊严且快乐的学习；二是开展以儿童为中心的体验式教学活动，力求使之配合儿童的能力、经验、兴趣与需求；三是注重全人教育，促进儿童个性与群体性的协调发展。

淳美教育的“本真性”“本色性”特点，一方面就是要坚持党的教育方针，坚持“为党育人、为国育才”，坚持立德树人，全面提高学生综合素养；另一方面就是遵循教育规律，按生命成长规律办教育，一切以人的发展为最高遵旨，努力让每一个生命都绽放精彩。

二、施教于美，立美育人

淳美教育，归根到底是美好教育，是教育生活的美好，在某种程度上，也可以说是一种教育美学。教育美学，是儿童美学，是生命美学。生命美学是对生命载体和本体的双重审美，是身体和物质的，亦是心灵和精神的。因此必须施教于美，立美育人。

所谓“施教于美”，即教师依据小学各段培养目标，按照美的规律、美的要求、美的情趣进行教育，使受教育者得以全面发展的教育过程。在教育实践中，不仅德、智、体、美、劳各类教育过程所建立的教育形式会碰到一个美不美的问题，而且诸育之间亦有一个能不能相互协调、和谐地成为一体的互美、共美的问题，更有不同个性特长的学生此美、彼不美与部分美、整体不美或整体美、部分不美的问题，所以，需要我们用美的教育旨趣和美的教育方法，进行教育教学活动。

“施教于美”既指融德育为心灵之美、融智育为灵秀之美、融体育为健壮之美、融劳动为创造之美的单项教育过程，亦指由德、智、体、美、劳诸育相互渗透和交融所呈现出来的完美、统一的教育过程。教育过程的这种审美价值，就决定了它要将审美教育的手段广泛地渗透到教育活动的方方面面，并贯穿于教育过程的始终，使“教”所要传授的知识系统合乎“善”的内容和美的形式而成为“美的对象”。

“立美育人”即按照美的规律育人，让生命之花美丽绽放。“立”是创造美的意思，“立美”即按照美的规律，创造性地显现出教育过程本身的美，创造性塑造生命成长的美。“立美育人”追求教育教学的审美情趣、育人的审美情趣，要求校长、教师按照美的规律，创造性地运用多种多样具有美感意味的手段和途径，使学生的情感升华到审美愉悦的境界，以美启真，乐中开智，进而强化和优化教育的正向功能，促进学生的整体素质得到全面主动的发展。

“立美育人”既强调学生审美素质的发展和提高、生命意义的滋长、生活情趣的丰富，更强调施教者教育艺术的审美化，使受教育者的学习情感升华到审美愉悦的境界，促进学生素质的全面发展，在美的过程中，实现好的发展，成为一个内心丰盈、心灵澄澈、欢畅奔腾的人。正像知名画家、作家蒋勋说的那样：“在这个理性超越感性、身体日益荒凉、社会疏离感愈加严重的现代，我们可以学习成为身心五感皆平衡的人，学习着去感受美，欣赏美，分享美。如此，我们才能感觉到生命本源的一种热情，‘美’于己身，即也达成了自我觉醒与完成的过程。”①

克莱德·E.柯伦在《教学的美学》中认为，当教师更多地懂得了美的素质怎样进入人的生活，当他们能够有意识地来完善、扩展这种美的体验方法时，他们也就踏上了教学艺术之路。淳美教育要求学校教师能自觉地从审美的高度审视自己的工作，在塑造灵魂、塑造生命、成就学生的同时，体验到专业成长的快乐，享受成功后的职业尊严感、幸福感和收获的意义，进而用自身的魅力影响和塑造学生。教育过程中，学生只有进入对自身发展的享受和欣赏的审美境界时，才会真正体验到学习之美、成功之美。高质量的校园生活离不开立美育人，唯有如此，我们才能更好地吸引学生留在校园，学在校园。

发现、培育、传播、创造美的行为，成为美，激荡美，这就是淳美教育的魅力。这就要求我们在办学理念中体现美学的渗透，在德育建设中体现美学的内涵，在学校礼节及风气上体现出中华优秀传统文化的传承，比如：论自然美，以“比德”为美；论人格美，以“风骨”为美；论生命美，以“生生为仁”“生气”为美。让国风、校风、家风和谐一致，处处体现出社会主义核心价值观，这才是校长、教师在校园审美教育中所追求的人文风尚。

三、追求完美，不为完美

淳美，是一种有韵味、雅致的美，不是完美；淳美教育，也不是完美教育。美和完美是两个概念。美在生活中，完美在理想中；美在过程里，完美在目标里。发现美和欣赏美是作为一种心态存在于当下，而追求完美

① 蒋勋．美的觉醒：蒋勋和你谈眼、耳、鼻、舌、身[M]．台北：远流出版事业股份有限公司，2006.

只能作为一种理想而存在。对儿童而言，生命的每一个生长节点都不可能是完美无缺的，因为儿童是正在成长的生命。但儿童的生命成长，必然是向上的、向美的，每一个生命都期待成为最美的生命。

正因为如此，每一个正在成长的生命必然都有闪光、动人的瞬间。淳美教育就是要抓住一个人在某个瞬间的好行为、好想法，在发现中肯定，在肯定中激励，在激励中传播，在传播中影响每一个人。让这些行为慢慢地由偶然变成稳定，由一个人的行为变成群体的共识，并逐渐成为组织中共同的价值追求。这个由不美到美、由小美到大美的教育过程，就是淳美教育。

同样，淳美教育之中的质朴，不是传统与守旧，是自然、觉悟，是包容、尊重，是时尚、和谐，是守正创新。

其实，很难找出一把尺子来衡量事物的美。但是在生活中，我们又能切实地感受到"这样做，很好，很美"。虽然没有统一的尺度去衡量一件事的"美感指数"，但人类共有的价值观，却又可以让我们发自内心地赞美同一件事。大凡真实的、友善的、愉悦的行为，都能带给人们美的享受。

法国雕塑艺术家奥古斯特·罗丹说："生活不缺少美，只是缺少发现美的眼睛。"美，于生活的方方面面，无处不在；于校园的角角落落，无处不有。热爱自然、喜欢植物的孩子，兰、梅、竹、菊、玫瑰、月季、牡丹、绿萝、银杏、香樟，红橙黄绿灰白黑，色彩斑斓，风姿绰约，哪一样不是美的？热爱劳动、喜欢美食的孩子，土豆、花生、番茄、青椒，活生生的一幅幅美丽图画，赏而悦目，作而健身，食之可口，不亦乐乎！

追求完美，是美的理想主义，是一种高境界的追求。只有追求完美，才能产生不断超越自我的动力，即所谓"没有最美，只有更美"。"求"不是简单地从A点出发就一定能够顺利到达B点。从此岸到彼岸的旅途中，不仅存在多种途径，而且每一条途径中都充满了不确定性。所以，人的成长过程本身就充满了挑战。这种面对不确定性与挑战的体验，本身就是一种高层次美的体验。

学校校长、教师，包括所有教育工作者，对待事业、工作，特别是儿童生命成长，要有追求完美的理想与标准，同时又不能一味苛求完美，特别是面对正处在成长阶段的儿童。这样才有一个富有张力的调整空间，一个适宜生长的土壤。所以，美不只是一个结果，更是一个过程。教育工作者在寻找、发现个体的闪光点中体验美，播撒美的种子，并精心呵护、培育，在这个过程中，自己也学习并享受着成长之美、生命成全之美、生活成就之美。这正是所谓的教学相长，美美与共，天下大美。

第四节　淳美教育的要素

淳美教育，是一种赋予爱，彰显美好、追求美好的教育活动，是教育者、受教育者及其他关联者之间的一种积极的、纯朴的、有意义的价值活动。纯的关系、美的环境、活的方式、高的质量，是淳美教育的四要素。

一、纯的关系

感情简单才美好，关系纯洁才长久。教师与学生的关系，最好的状态与境界，就是这样简单、纯洁的样子。简单、纯洁，就是好的关系，就是好的教育；简单、纯洁，就是美的关系，就是美的教育。淳美教育发生在简单、纯洁的教育关系之中。

教育关系，不仅是人与人的关系，包括师生关系、生生关系等，还是人与物的关系、物与物的关系，包括与课程教材资源的关系、与技术手段的关系等，其中人与人的关系，特别是师生关系是最主要的，是关键。

与学生建立纯洁的师生关系，就是真正地与学生成为学习的共同体、命运的共同体、生命发展的共同体。人民教育家陶行知指出："教育者，乃为教养学生而设，全以学生为中心，故开办学校、聘请教师，无一非为学生也。若无学生，焉有学校？既无学校，焉有教师？然则教师与学生，焉可无同情耶？同情谓何？即以学生之乐为乐，以学生之忧为忧；学生之休戚即我之休戚，学生之苦恼即我之苦恼是也。"[①]有了这样纯的关系，教师的生命与儿童的生命就在一起，教师与学生就紧紧拥抱、相互簇拥，这就是尽了教师的天职。就如同陶行知先生所讲的那样："你若把你的生命放在学生的生命里，把你和你的学生的生命放在大众的生命里，这才算是尽了教师的天职。"[②]

这种纯的关系，当然主要是由教师去构建。教师要成为这种纯的关系的建设者，必须要有火一般的热烈与激昂，还要有山一般的清醒与沉稳，并且糅合成水一般的宁静淡然与欢畅奔腾。火一般的热烈与激昂，说的是理想，美美的教育理想；说的是志向，满满的教育志向；说的是情怀，热热的教育情怀；说的是干劲，旺旺的教育干劲。从事需要燃烧生命的事业，怎么可以没有火一般的热烈与激昂呢？山一般的清醒与沉稳，说的是生命，儿童纯真的生命；说的是自然，播下种子，静待花开；说的是初心，立德树人，无问西东；说的是生活，知行合一，行稳致远。水一般的宁静淡然与欢畅奔腾，说的是悦纳，海纳百川；说的是智慧，静水深流；说的是目标，奔流到海；说的是幸福，浪花飞溅。

对于教师来说，把一生献给最美的教育事业，献给儿童，就要用淡然

①陶行知．陶行知全集：第1卷[M]．成都：四川教育出版社，2009：221.

②陶行知．陶行知全集：第3卷[M]．成都：四川教育出版社，2009：384.

去承接热爱、忠诚、忙碌、琐碎。

淡然，是一种至高至美的人生境界。一个“淡”字，看似简单，却蕴藏着深刻的内涵。淡是一种清净，淡是一种优雅，淡是一种柔美，淡是一种态度，淡是一种超脱，淡是一种坦然。最美教师永远是长不大的儿童模样，如同陶行知先生说的那样：“您若变成小孩子，便有惊人的奇迹出现：师生立刻成为朋友，学校立刻成为乐园；您立刻觉得是和小孩子一般儿大，一块儿玩，一处儿做工，谁也不觉得您是先生，您便成了真正的先生。”①

对于人民教师来讲，人生的快乐、幸福与美好，都来源于“淡”。淡是清淡、质朴、简约，淡是无旁逸斜出、无繁冗奢华。如果心灵淡然如水，那么人生就犹如行云流水，轻盈飘逸，总是欢喜流淌；如果心情沉重如山，那么生活就好似戴上镣铐，步履艰难，总是倦怠焦虑。

对教师淡然的注释，就是不在意，不放在心上，只有儿童生命在心尖。在对待人生的态度上，淡然就是淡泊一切名利，让幸福的花朵开放在儿童的笑脸上。人们常问，为什么我们教师对儿童有情感？那是因为儿童本来就在我们的心中。情感有厚薄，情感有远近，情感有温度，但教师对儿童的情感无须证明，最纯朴、最圣洁。教师对儿童的这种纯朴、圣洁的情感，具有神奇的力量，能播撒种子，能生长万物，能创造艺术，也能涵养爱与美。

二、美的环境

儿童的世界，应该充满阳光，温暖如春；儿童的生活，应该快乐幸福。淳美教育营造美的环境，让儿童安全、健康、快乐地生活成长。美的环

①陶行知．陶行知全集：第2卷[M]．成都：四川教育出版社，2009：485.

境，不只是愉目悦心的环境，更重要的是有趣、有味的生活方式。用美的喜悦与觉醒，唤醒儿童与世界万物最朴素的沟通能力。美的环境，既包括美的物理空间，又包括美的人文环境。人民教育家陶行知先生说："学校生活是社会生活的起点。远处着眼，近处着手，改造社会环境要从改造学校环境做起。全校师生应当以美术的精神共同改造学校环境。凡应当改造的，一丝一毫都不肯轻松放过，才能表现真精神。"①学校不但是美的，并且是由学校师生一起创造的。

无论是儿童，还是教师，甚至学校管理者、家长，都需要一个美的环境与氛围。这种美的环境与氛围，不仅能够让所有相关者乐在其中，美在其中，使紧张和动荡的心灵获得松弛和宁静，从而更理性地处理好教育中的诸多问题，更多地对话、交流与交往，更有韧性地面对学习困难与挑战；而且还能让生命得到美的熏陶与浸润。

美的环境，是美的管理风格。面对学校教育管理中出现的各种问题，以何种心态面对更好？优美、和谐、松弛的心态显然会比暴躁、急切、紧张的方式更加有效。愤怒、训斥、压抑的情绪在学校管理过程中不会收到良好的效果。将淳美教育的理念融入管理中，建设和谐团队，学校教职工都树立基本的审美价值观，用美化解矛盾冲突，用美统一意见主张，用美包容个性差异，促进生命更好地发展。

美的环境，是美的人文风尚。美的人文风尚，是由真诚、和谐、轻松、愉悦、文明、礼节等优美元素构成的高尚、典雅的人文精神氛围。要构建这个理想优美的校园风尚，校长、管理干部、教师、学生、服务人员都要培养流畅的优美感、愉悦的精神状态以及营造完整和谐的人文氛围，让美

①江苏省陶行知教育思想研究会，南京晓庄师范陶行知研究室．陶行知文集[M]．南京：江苏人民出版社，1981：390.

在学校荡漾。淳美教育会使他们原来活泼完整的生命得到充分自由的表现。

美的环境，是美的物理空间。物理空间，又称校园环境，就是视觉可见到的一切人与物共存的校园室内外建筑与空间。美的物理空间是淳美教育的一个重要组成部分，要用淳美教育理念指导学校物理空间的建设，体现淳美教育办学特色，用儿童喜爱的造型、色彩和文化的创意来表达对儿童的友好，用高品质的审美判断、审美取向，建设视觉优美的书香校园。

创造一间幸福而美好的教室，是建设美的环境的重中之重。教室不美，教育不美。儿童教育专家张娟在《在生命深处与孩子相遇》一书中指出：给孩子足够多的爱，他的生命状态会更饱满，他更容易将注意力放在自我生命建构上，通过内在平和与喜乐获得自我感。从彼此遇见那一刻起，几十个孩子和几位教师将“约会”固定在一个叫教室的地方，他们相互依偎，彼此依靠，共同放飞梦想，共同演绎生命的精彩，共同书写生命的传奇，共同编织生命的故事，共同度过生命中一段最重要、最美好的时光。可以这样讲，对于孩子来说，再没有什么地方能够比教室让他们更为依恋或更想逃离，对于教师来说，再没有什么地方能够比教室使他们更为自信或更为胆怯。因此，教师和孩子应该把教室作为生命的摇篮，作为教学相长的地方，共同缔造一间幸福而美好的教室。

三、活的方式

儿童世界，之所以属于儿童，是因为儿童世界里有儿童的生活方式、活动方式与学习方式。儿童的方式，是主动参与的方式，是生活体验的方式，是实践探究的方式，是游戏活动的方式，是任务挑战的方式，是思维活跃的方式，而不是“被参与”“被活动”“被说教”。一句话，儿童的方式一定是活的方式，儿童喜欢并乐在其中的方式一定是活的方式。因为活，是儿童生命活泼灿烂的荡漾，是滋滋作响、蓬勃向上的拔节，是儿童的手动、口动、脑动、心动、情动，是儿童在学习中发生的研讨声、交流声、质疑声、辩论声、鼓励声、惊叹声，是师生绿叶红花的互为映衬、教学相长、相互成全。

活的方式，是生活体验的方式。生活体验的方式，就是让儿童拥有与万物在一起的童年，让儿童过好每一日在校生活。

让儿童爱生活、会探索，与科学智慧碰撞，享受诗意的生命美学，拥有与万物一同生长的童年，是淳美教育构造的最美图景。释放儿童的童年天性，就从触摸自然的五感开始。用真实场景下的一花一树一草一木，打开儿童观察和探索大自然的启蒙之心，把丰足的自然带到儿童的童年中去。儿童就应该属于阳光和雨露，徜徉并专注于解开大自然的神奇。俄国杰出的作家萨尔蒂科夫—谢德林曾经说过："只要不把儿童关闭在不透气、不见阳光的环境中，那么，纵便是贫乏的大自然，也能使儿童的心灵得到欢乐，受到感染！"[①]

在某种意义上，学校生活就是儿童生活，淳美教育致力于让每一个儿童都能过好每一日在校生活，过上快乐而充实的在校生活。让每一个儿童都能快乐地过好每一日在校生活，就要按照儿童喜欢的快乐而又有意义的生活去设计一日在校生活。清华大学附属小学校长窦桂梅提出："学校要从学科素养到学生素养有所作为，就要让儿童每一日在校生活都是高质量的。如何在儿童一日生活中重新进行时间的优化排序组合，将课程内容结构化地进行丰富加工与重组，保障儿童身心健康、符合成

①萨尔蒂科夫-谢德林．波谢洪尼耶遗风[M]．斯庸，译．上海：上海文艺出版社，1981.

长规律，创造儿童每一天的新生活，虽仅能日积跬步，但长久坚持终会让他们的素养拔节，让学生每一日都有期待，都有不负的时光，为此学校创生了儿童一日生活图谱。"[①]

活的方式，是实践探究的方式，是学科实践的方式。

学生学习主要是在课程中进行的，在课堂中完成的。淳美教育主张课堂是有活力的，积极探索基于情境和问题的探究式、体验式、项目式、互助合作式学习，充分发挥评价的个性之美、价值之美和激励之美，让学生体会到学习的乐趣，始终保持强烈的求知欲，感悟到学习就是一种高质量的生活。教师的活力，体现在教师能深刻理解并以生动的方式呈现出学科的内涵魅力，发挥教育智慧，引导学生学会、会学本学科，通过独特的个人体验、独到的见解等个人魅力让学生深层次领悟学科内涵。学生的活力，体现在学生主动积极的学习状态、深度的思维参与、切身的情感体验和正确的价值观的生成上。课堂要有活力，前提是教师有活力，有活力的教师会给予知识活力，进而激发出学生的活力。

淳美教育主张课堂是生命的，师生把课堂生活作为自己生命的重要构成部分。师生在课堂教与学的过程中，既学习与生成知识，又获得与提高智能，最根本的还是生命价值得到了体现、心灵得到了丰富与发展，使课堂生活成为师生共同学习与探究知识、智慧展示与能力发展、情意交融与人性养育的殿堂。学生在活力与生命的课堂中，领略到科学知识的美丽与神奇，领悟到人类探求真理过程中展示的思维之美、智慧之美与力量之美，体悟到凝结在科学知识背后，人类在探求真理过程中的情感、意志和抱负等伟大精神，进而感悟现实生活的美好与生命的真正意

---

①窦桂梅."双减"政策深化阶段的学校育人思考与建议[J].人民教育，2022(Z2)：87-89.

义，不断地丰富自己的精神世界，使自己成为一个立于天地之间的、具有高尚情怀的、勇于担当并不断进取的人。

活的方式，是思维活跃的方式。恩格斯在《自然辩证法》中指出："地球上最美丽的花朵——思维着的精神。"淳美教育之美，美在儿童思维活动，美在儿童思维之花绽放。淳美教育主张要让儿童思维活跃起来，让每一个儿童绽放思维的花朵。

绽放儿童思维之花，是唤醒儿童学习的问题意识。问题是教与学的载体。儿童的天性本来如同一个个"问号"，我们要激发儿童的问题意识，特别是唤醒与"保鲜"儿童学习的问题意识，不让儿童在学习中沉默。这就要求我们要呵护儿童的好奇天性，营造平等对话、自由讨论的开放性氛围，促使儿童不断地发现问题、生成问题、分析和解决问题，从而在"想问""敢问""有问"和"善问"中点亮思维的火花，让儿童走出教室仍然怀抱新奇。

绽放儿童思维之花，是为儿童留下思维时空。留白是一种智慧。"此时无声胜有声""此处无物胜有物"，留白以空白构造空灵韵味，给人以美的享受。课堂上教师应以开放的心态设计出放飞儿童思维的学习活动，又要设计助力思维放飞的教与导的方法。要给儿童开放性问题、挑战性任务，进行弹性预设，为儿童学习留下足够的弹性时间和空白地带，为知识的动态生成和儿童的自主建构留有余地。儿童的这个思维时空，就是由"最近发展区""跃进活动区"与"思维进阶区"构造的，给儿童留下的足够的思维时间和空间。

绽放儿童思维之花，是回归生活本真。生活即教育。走向生活世界，是教育获得生命力的根本路径。课堂教学必须引导儿童关注生活、体验生活、反思生活，以激发儿童的学习兴趣，引发儿童真实的情感共鸣，这不仅有利于提高学科知识的信度，还有利于提升思想品德教育的效度。

四、高的质量

淳美教育是新时代高质量教育的学校实践，是素质教育的学校实践与行动，高的质量是其要素之一。

高的质量，是体现教育公平的高质量，自觉践行“面向全体学生，平等对待每一生命”的实践文明和基本道德。面向全体、尊重每一个体，既是淳美之淳，即实践自觉的质朴行为，又是淳美之美，即博爱仁德。

高的质量，是全面发展的高质量，努力促进儿童德智体美劳的全面发展与综合素养的全面提升，用社会主义核心价值观为儿童扣好人生的第一粒扣子，培养儿童的发散思维、开放心态、敢于质疑、旺盛的求知欲等重要品质和爱的能力。

高的质量，是面向每个儿童的个性和差异发展的高质量。让每一个生命都自由舒展，是淳美教育的基本主张之一。这是因为每个生命都是独立个体，让儿童认识自己生命的独特，找到自己与众不同的地方，接受并欣赏他人的差异，并从他人的差异里获得力量，舒展自己，成就自己，绽放精彩。发展差异就是发展个性，承认、尊重差异，就是承认、尊重个性，从而让每位儿童都能最大程度地得以发展。高质量，必须是个性发展的高质量。

第五节　淳美教育的学校文化

文化是某种价值观引领的生活方式。不同的学校有自己不同的文化。我们需要文化成为一种生活习惯，需要充满文化味道的生活。生活是树，丰富了文化；文化是根，托举了生活。文化多滋养，生活就多彩。

学校文化是一所学校经过长期发展积淀的为全体师生员工所认同的行为方式与生活方式，是一所学校本质、个性、精神面貌的集中反映。

最不寻常的文化，恰恰来自最寻常的生活，来自生活与生活的摩擦和交融，如此才能起到文化日用而不觉的作用。寻常人家、寻常情谊、寻常生活的文化味道，恰恰是当下我们最需要的一种精神滋养，因为其中有每一个人都在意的那份“真实朴实”和“真诚纯真”。我把淳美教育办学主张，与吴家山第一小学办学实际进行结合，与学校领导、教师一起，提出并建构了淳美教育学校文化。

武汉市东西湖区吴家山第一小学淳美教育学校文化体系包括办学理念、办学目标、办学愿景、学校精神、校训、校风、教风、学风、培养目标等几个方面。

一、办学理念：让生命成为天籁之歌

办学理念是学校发展的灵魂，对学校各项工作具有根本性的指导意义。任何一项学校工作的推进，首先要求符合学校的办学理念，找准方向，促进学校的可持续发展。苏霍姆林斯基曾经说过：“领导学校，首先是教育思想上的领导，其次才是行政上的领导。”[①]如果一个校长，不能对他的学校进行思想与价值的领导，那一定是一个不称职、不合格的校长。“让生命成为天籁之歌”是淳美教育在吴家山第一小学的核心理念表达，是指引吴家山第一小学改革的旗帜与灵魂。

天籁指自然界的声音，如风声、鸟鸣声、泉涌声。天籁凝聚了天地日月之精华。天籁之歌，即得自然之趣、悦耳动听的歌曲。

---

①苏霍姆林斯基．和青年校长的谈话[M]．上海：上海教育出版社，1983：13.

儿童生命的天籁之歌，就是生命的灵性释放、理想梦想的放飞，就是身体健壮、目光明亮，就是心灵澄澈、好奇渴望，就是冲天向上、拔节生长。

让生命成为天籁之歌，就是纯净育人，让儿童生命在自然之趣、生命之真、成长之妙中，像天籁之歌一样，纯真美好。

让生命成为天籁之歌，就是要让每一个儿童编织属于他们自己的梦，让他们有能力站起来，有自信跑起来，有目标飞起来，成为那个真实的最美的自己。

让生命成为天籁之歌，就是要站在儿童的立场上，从儿童生命的成长出发，培养底色淳正、底蕴深厚、个性舒展的独特的生命个体，实现每一个儿童全面而有个性的成长，全面提高儿童的综合素养。

让生命成为天籁之歌，还要求教师让自己成为最质朴、最充实、最幸福的生命，在教书育人的生活中奏响成全学生、成就自己的最美乐章。

总之，让生命成为天籁之歌的办学理念，主张以自然之趣、质朴之道，呵护生命之真，让师生体验成长之妙，享受教育之美。

二、办学目标：办一所沁人心脾的品牌学校

沁人心脾，指呼吸到新鲜空气或喝到清凉饮料让人感到舒适，也形容美好的诗文和乐曲给人清新爽朗的感觉。

学校品牌建设是指学校通过定位、宣传、管理、维护等一系列的战略决策，来提高办学质量和效益，进而提高学校的知名度和强势增值。学校品牌建设是学校发展壮大的一项重大的工程，它既能体现出鲜明的办学特色，又是一种境界和目标。一个好的品牌，既是综合实力的最佳体现，又是学校特色的形象化展示。它对提高学校的知名度和美誉度、树立良好的社会形象具有巨大的推动作用。

对于吴家山第一小学来说，学校的品牌就是淳美教育，其特征是高的育人水平与高的教育教学质量、纯朴的高素养教师与纯真的活力学生。

办一所沁人心脾的品牌学校，就是办一所教师享受工作的舒畅、舒适，学生享受学习的舒畅、舒适的学校。学校教育与生活极尽赏心悦目，让人乐在其中，流连忘返。学校给人清新爽朗的感觉，弥漫一种让人特别舒适的味道。这里品牌的表现是享受与舒畅。

办一所沁人心脾的品牌学校，就是办一所家长喜欢、满意、向往的学校。把孩子送到这里来，家长放心、安心、舒心，踏实且有欣喜。家长能够从孩子身上看到喜悦、幸福与快乐，看到孩子沉醉其中，留恋学校。家长之间相互交流的都是学校美好的故事与动人的情节。这里品牌的表现是放心与喜悦。

在沁人心脾的学校里，有欢笑，有感动，有引领，有思考，有爱的温暖，有幸福绽放，有眼睛明亮，有心灵清澈，有奥妙无穷，有思维激荡，有欢畅奔放，有热泪盈眶……

三、办学愿景：成为一个爱意浓浓、书香盈盈、雅气晔晔、活力满满的智慧空间

愿景是一个我们在清醒时刻做的梦。愿景揭示了我们渴望成为什么，达到什么境界以及创造出什么。好的愿景既是一个梦想、希望或渴望，又可以被看到、摸到、感觉到。它光芒四射、动人心弦，具有激发人的力量，让人愿意为之付出与奋斗。

学校愿景，就是校长为学校未来描绘的一幅激动人心的图画，是校长、教师一起编织出的真诚的梦想。

爱意浓浓，是情感的荡漾；书香盈盈，是文化的流淌；雅气晔晔，是智

慧的闪光；活力满满，是个性的张扬。这一办学愿景，为吴家山第一小学未来的发展勾画了一幅美丽的图画，为全体学校人描绘了美好理想：

吴家山第一小学的未来，一定是智慧教育的品牌学校，融人工智能、数智驱动于一体，精准教学，因材施教。

吴家山第一小学的未来，一定是无边界学校，学校成了一个开放的、多维的教育空间。

在这智慧的、无边界的未来学校里，爱一直在荡漾，在师生之间、同学之间、家校之间；爱一直在成长，更淳厚，更深情，更自然；爱的教育一如既往，爱国家，爱家乡，更生活，更丰富，更多样。书香一直在弥漫，流淌，少年儿郎，书声琅琅，先生讲堂，语言铿锵；社会实践、学科探究、艺术审美、体育运动，知行合一。雅气一直在闪光，儿童雅言雅行，教师雅风雅韵，学校雅园雅堂。活力一直在张扬，儿童生命的活力、探究创新的活力，教师常教常新的活力、因时而变与因生而异的活力，学校的活力，在奔向星辰大海中不断遇见更美。

四、学校精神：笃行不怠　至淳至美

学校精神是学校哲学的“人性观”，是学校在长期的办学实践中逐渐形成的、被学校成员广泛认同和信守的群体风尚、思想境界、意志品质和行动准则等的共同本质及其表现出来的活力。学校精神既是整个时代精神在学校中的反映，又有自身的相对独立性。学校精神是学校办学方针、价值准则、管理信条的集中体现，因而构成学校文化的基石。吴家山第一小学的学校精神，是武汉精神、东西湖农场创业精神、临空港精神在学校的具体体现与集体表现。

笃行不怠，切实履行自身所学，不倦怠，不断提升自身素养与能力。笃行是为学的最后阶段，既然学有所得，就要努力践履所学，使所学最终有所落实，做到知行合一。

作为学校精神的“笃行不怠”，就是学校教师要不断提升专业素养与能力，不断精进工作，不断提升教育教学质量，不松懈，不倦怠，不自满。

至淳至美，一方面是指学校教师始终以质朴、朴实为追求，努力做最好的自己；另一方面是指要用质朴、朴实的工作态度与作风，让育人工作最完美。

“笃行不怠 至淳至美”的学校精神，是学校师生在学习态度、行为追求上彰显的与众不同，知行合一，以最踏实、最勤奋的自己，去争取最优异的成绩。

五、“一训三风”

（一）校训：求知求真 惟淳惟美

求知就是探求知识，求知在于学；求真，即追求事物发展真理所在及客观规律，求真在于问。儒家倡导“学、问、思、辨、行”统一的认知方法，勤学勤问是学习的基础。“知”“真”体现了学校对教育本质的回归，育人为本，学思相成，志存高远，实现生命的真实成长，让生命成为天籁之歌。

“惟淳”是做人的“至上主义”，“惟美”是做事的“至上主义”，更是教育的境界与追求，即以最质朴自然的教育，实现生命的最美成长。

“求知求真 惟淳惟美”的校训，就是要求全校师生在不断探求知识、追求真理中，成为最质朴、最完美的自己。

（二）校风：淳和尚美 蓬勃清新

淳和，指质朴温和，仁厚平和，醇正中和。尚美，指崇尚美好。淳和不仅是人的性格、性情，更是一种做人的境界与格局；尚美不仅是人的欲望、追求，更是一种价值实现。

蓬勃，繁荣而旺盛的样子。清新，新颖不俗气，清爽而新鲜。蓬勃，既指学校生机蓬勃的生活，也指师生的蓬勃生长。清新，既指师生身上呈现的自然、新颖之气，也指教师清新地教、学生清新地学，过一种自然的、新颖的教育生活。

"淳和尚美 蓬勃清新"的校风，是指学校呈现一种质朴、和谐、真实、清新与不断追求完美的风气。

（三）教风：淳正创美　务实拓新

淳正，即忠厚正直。对于教师来说，忠厚正直既是做人，也是忠诚于教育事业，真诚、平等地对待每一个生命，本质就是质朴。创美，创造美好，即教师追求教育教学的美好，并且用创新的方式，创造出教育教学的美好。

务实是中国农耕文化形成的一种民族精神，讲究实际，崇尚实干，排斥虚妄，拒绝空想，鄙视华而不实，追求充实而有活力的人生。拓新，即积极发展、自主创新，追求进步。

"淳正创美 务实拓新"的教风，就是指学校教师忠厚正直，以最质朴的态度对待工作，既实干又创新，在实干创新中追求进步，创造美好。这种教风，是守正与创新的完美统一，是传统与现代、历史与未来的和谐一致。

（四）学风：淳真扬美　勤学日新

淳真，即质朴、纯真；扬美，即称扬优点，在这里既指发现同伴的美，又指表现自己的美，彰显个性特长。勤学，指努力学习；日新，指日日更新，天天进步。

"淳真扬美 勤学日新"的学风，是指学校学生质朴纯真，不虚伪，与同学友好相处，既尊重、欣赏不同个性的同学，又很好地展示自己的个性特长，努力学习，天天进步。

六、培养目标：培养品格有魅力、学习有张力、个性有活力、未来有潜力的淳美少年

培养目标是依据国家的教育目的和学校的性质、任务提出的具体培养标准和要求（培养什么人），它是教育目的的具体化。它上接义务教育"有理想、有本领、有担当"的培养目标，下承中国学生的核心素养。"品格有魅力、学习有张力、个性有活力、未来有潜力的淳美少年"既是对"有理想、有本领、有担当"目标的学校表达，又是对"立德树人、全面提升学生综合素养"要求的细化落地。

品格有魅力，指一个人在性格、气质、能力、道德品质等方面具有的很能吸引人的力量。小学生的品格魅力，主要是道德品质与性格，包括"心有爱""行有规""会相处"。

学习有张力，指的是持续的、积极的、可迁移的学习能力，表现为好的学习状态、好的学习方法与好的学习结果，以及由这"三好"引起的积极情感与自主、持续的学习。小学生的学习张力，主要是学习态度与学习方法，包括"坐得住""学得进""问得妙"。

个性有活力，指的是个人比较稳定的心理活动特点（如性格、兴趣、爱好、气质、才能等）的总和，这里是指学生的个性特点以及由个性特点表现出来的积极向上与快乐生活，包括"身心健""兴趣广""才艺优"。

潜力是指潜在的尚未发挥出来的力量。未来有潜力，是指能够适应未来社会需要的潜在力量与能力，也指有潜力，这里包括"看得远""做得实""勇创新"。

后　记

这其实是一份作业——武汉市教育家型校长培训的“六个一”要求之中的“一本个人教育专著”。正是有了这份作业，才“逼成”了这本拙著。

“逼”的过程，真的不容易。不过今天回过头来看，则是另一种心境：有一点心花怒放，有一些诗意盎然，有许多怦然心动。

确切地说，这应该是一次怦然心动的欣喜之旅。

细细品味书稿的形成过程——痛苦与快乐的交织，追问与觉悟的叩击，不解与和解的对视，感性与理性的交互。淳美教育，不正是那个“蓦然回首”于“灯火阑珊处”的“他”吗？不正是念念不忘的诗与远方吗？

特别欣喜的是，我于这一路感受了别样的温暖温馨。于读者，这就是普通的一本书，于我，则是师长教诲、领导关心与朋友家人支持的感恩与回味。

有幸参加武汉市教育家型校长培训，是组织的关怀、领导的关心、同伴的帮衬。导师们的点拨、同侪学员校长的互助，感动着我，引领着我，提升着我。特别感谢他们！

感谢湖北大学靖国平教授、华中师范大学雷万鹏教授、武汉未来中科教育研究院梅首文院长！他们多次到学校调研指导，与我一起讨论、整合我的办学思想，帮助我提炼出“淳美教育”主张。

感谢湖北阳光教育研究院叶显发教授、查祥生院长！作为我的培养导师，他们指导我系统阅读，逐字逐句地修改文章，细心推敲标题目录。

感谢东西湖区教育局陈良俊副局长！他作为湖北省第一批荆楚教

育名家，常以自己奋进不已的故事点拨我，更以教育名家的思想、智慧启迪我。

感谢万科高尔夫小学和吴家山第一小学工作伙伴的支持！我中有他们，书中有他们。淳美教育，是源于实践、依托实践并接受实践批判与检验的，是他们“养育”了淳美。

我也知道，“淳美”是因为大家的爱，它才美；是因为大家的美，它才美。

恳请读者在阅读时批评它的不美，接受它的不美，指出它的不美，欣赏它的不完美。

心淳美，教育淳美。若大家合上书之后有这种感觉，那就是我要致谢的原因。